DICCIONARIO ILUSTRADO
- DE LA -
Cocina Mexicana

Diseño de portada: Jorge Garnica / La geometría secreta

Dirección de proyecto: Anselmo J. García Curado
Fotografía: J. Enrique Molina, Anselmo J. García,
Archivo Acali y Archivo Gustavo Casasola. SINAFO INAH
Producción: Anselmo J. García
Traducción: Carolina Merchan, Yara-Hunza García y Estela Samsó
Dibujos y maquetación: Cristóbal Pou, Alex-Unai García Boluda y
Erick Velasco
Agradecimiento especial a la sommelier Montse Velasco

© 2015, Editorial Planeta Mexicana, S.A. de C.V.
Bajo el sello editorial PLANETA M.R.
Avenida Presidente Masarik núm. 111, Piso 2
Colonia Polanco V Sección
Deleg. Miguel Hidalgo
C.P. 11560, México, D.F.
www.planetadelibros.com.mx

Primera edición: agosto de 2015

ISBN del autor: 978-84-6115273-6
ISBN del editor: 978-607-07-2964-5

Impreso en los talleres de Litográfica Ingramex, S.A. de C.V.
Centeno núm. 162-1, colonia Granjas Esmeralda, México, D.F.
Impreso y hecho en México – *Printed and made in Mexico*

INTRODUCCIÓN

El acto de comer

No se aprende a comer, se nace sabiendo. Alimentarse es ante todo una necesidad primaria y vital, porque si no comes te mueres; pero también, y además, es una enorme satisfacción. Comer es una forma de hacer cultura. En el caso del hombre, el hecho de que pueda preparar y elaborar sus propios alimentos lo convierte en una excepción, en un hecho social y cultural. En torno a la mesa, el hombre se sienta y la comida es, además, una reunión de personas, de familias, de ideas. En torno a una mesa se celebran cumpleaños, festividades, bodas, negocios, funerales, hasta una manera sutil de seducción.

Comer comporta un largo y laborioso proceso de selección de los alimentos, elección del menú, compra de las materias primas, elaboración y preparación de esos alimentos, y bastante trabajo que no siempre sale tan bien como deseamos a pesar de poner nuestra mejor ilusión. Alimentarse también es una forma de

estatus social. Comiendo y bebiendo las personas se definen socialmente, tanto en la calidad y condición de los alimentos adquiridos como en la forma. Los lugares a donde uno acude a comer indican claramente una cierta clase económica. Creo que debemos defender, ante todo, nuestra comida de raíces mediterráneas y latinas, elaborada y rica, frente a otras comidas rápidas del tipo *fast food* anglosajón, y sustituirlo por el *fast good* o *slow food;* es decir, comer bien y tranquilo, degustarlo y disfrutarlo, que es mucho más auténtico y lógico, como decía mi buen amigo Mateo Ferrero.

Lograr una comida fresca, variada, proporcionada, sin abuso de grasas ni exceso de proteínas, evitando la abundancia de la sal y del azúcar. La cocina mexicana, centroamericana y caribeña, en general latina, es mestiza y criolla sobre todo, pero, ¿se puede hablar de una comida típicamente latina o mexicana? Está claro que sí y sin discusión.

El taco, el totopo, el sope, los antojitos, los chilaquiles, las enchiladas, el mole, el guacamole, el chocolate, el tamal, son productos típicos y elaborados de México; el cuitlacoche o huitlacoche, el jitomate, la papa, el coco, la yuca, el chile, el frijol, el aguacate y sobre todo el maíz, son productos que vienen de la tierra americana. Muchos de estos alimentos son la aportación del nuevo al viejo mundo. Podríamos hablar de productos típicamente americanos sin olvidar la enorme cantidad y variedad de frutas como el plátano, banano y maduro, el mamey, el melón, sandía o patilla, tunas, mango, papaya, coco, níspero, jocote, piña, marañón, pitahaya, guanábana, guayaba, maracuyá, lulo, lúcuma, y un largo etcétera.

México y América son grandes y de tierra rica y generosa, llena de culturas y sorpresas culinarias, adaptadas a la realidad del terreno, a los alimentos y, por qué no, a las circunstancias.

Desde los pescados frescos como el huachinango, la mojarra, el pejesierra, guavinas, gaspares, pargos, mariscos, langostas y los camarones, tortugas marinas y un largo etcétera, hasta los complicados y laboriosos cebiches.

Los emperadores aztecas eran muy aficionados al pescado, hasta tal punto que se los hacían traer desde la costa a la capital por un sistema de relevos de mensajeros a pie, denominados *chasquis*. A estos alimentos del mar se sumaban la carne de venado, el conejo, la iguana, las aves como el pavo o guajolote, ciertos reptiles, armadillos, etc. No era comida de diario y aunque se reservaban para ciertas fiestas y acontecimientos, no faltaban en la dieta de México o América Latina.

Por todo ello hemos hecho este vocabulario o glosario de productos, muchas veces desconocidos por los de un lado u otro del charco.

También por las diferentes formas de denominarlos, aún siendo los mismos.

A estos productos americanos, se le añadirán otros procedentes de la vieja Europa. Así, y con la presencia hispana, aparecerán todos los derivados del cerdo como la morcilla, chorizos y jamones, la panceta, callos o tripas y albóndigas; legumbres como lentejas, garbanzos y habas. También chanfaina o sanfaina, el arroz, el azúcar y el aceite.

Los potajes, pucheros y caldos. En frutas: manzanas, limones, naranjas, uvas, higos y dátiles, muchos de ellos de procedencia árabe, al igual que la berenjena, el hojaldre y los pastelillos de miel. Con unos y otros elementos se producirá el "encuentro entre dos cocinas", como explica Paco Ignacio Taibo I, lo que sin duda da lugar a la cocina o fogón criollo.

Así, a la rica cocina autóctona indígena se le suma la aportación hispana, y como resultado de la fusión aparece la genuina cocina latina.

Una de las diferencias importantes entre la comida del viejo y el nuevo mundo, especialmente, en lo que se refiere a México y que comenta Carolina Merchan, es que los productos en esta zona no son estacionarios, no dependen del invierno y el verano. Aunque hay épocas en que algunos productos escasean, cada vez menos dependen de las épocas de lluvia o sol. En Europa, en cambio, sí dependen de las estaciones.

Otro aspecto interesante y que no debe olvidarse en torno a la comida, a cocinar, a preparar, a sazonar, también es que se utiliza para seducir y enamorar. El camino más rápido para llegar al corazón del hombre pasa, dicen, por el estómago.

La presente obra es algo más que una simple selección de términos. Es algo más que un diccionario. Es un intento de aportar productos desconocidos y con ellos confeccionar nuevos platillos.

Evitar que la comida casera desaparezca por el afán de la vida moderna y desarraigada, por la comida preparada, por las prisas absurdas. Por los horarios laborales atroces e incomprensibles. Abogamos por una comida auténtica, imaginativa, que nos vuelva a reunir en torno a la mesa a platicar en ella sobre nuestras cosas cotidianas con sumo gusto y placer. Con nuestra familia, amigos y seres queridos.

En la obra hemos incluido pequeños temas monográficos como el aceite, panes, vinos, quesos, chocolates, condimentos, los chiles, moles, vinos y otros elementos que se van incorporando a la ya variada cocina latina. Ojalá disfruten descubriendo, cocinando, comiendo y, además, este libro les guste y sirva. Está hecho con un kilo de cariño y sazonado con una pizca de ilusión. La sal, al gusto.

A todo esto, lo hemos traducido al inglés y al alemán, aunque resulte imposible traducir ciertos platillos o ingredientes, ya que en esas latitudes no se conocen. Por lo que hemos respetado el nombre original, eso ayudará a conocer mejor nuestra cocina latina.

Utensilios empleados para cocinar

La cocina o estufa de leña, de carbón o económica, cocina o estufa de gas, horno o incluso el típico comal. Todo se emplea en la actualidad para cocinar, más bien se han recuperado casi todas las formas tradicionales, incluso la del antiguo "hogar" castellano, si bien ya sólo se tiende a utilizar las "últimas tecnologías" como las vitrocerámicas, por su rapidez y limpieza, aunque dependen exclusivamente de la energía eléctrica.

También el útil microondas, el procesador de alimentos, batidoras y licuadoras. Todos estos inventos forman parte de la cocina actual. La tecnología ha invadido nuestra típica cocina. Es una forma de progreso, pero lo que realmente nos interesa es que las comidas sean sanas, variadas, nutritivas y gustosas. Que los alimentos sepan a lo que realmente son y no nos lo tengamos que imaginar.

La olla, la sartén, la perola, la olla a presión, la sartén paellera, la cazuela de barro, el pasapuré (también chino), el colador, las mangas o los manguitos, la cuchara de aluminio, sopera o de café, el cazo, la espumadera, etc., forman parte de los elementos culinarios cotidianos. No olvidemos las modernas máquinas lavaplatos o las trituradoras de deshechos. Los papeles de vidrio, de plata o estaño, bolsas isotérmicas o de plástico al vacío, para conservar, y un largo etcétera.

Existía una enorme cantidad y variedad de utensilios tradicionales mexicanos antes de la llegada de los hispanos, como los típicos recipientes de barro, de peltre o metálicos recubiertos de porcelana para evitar el óxido, los molcajetes o morteros hondos, de piedra volcánica y con tres patas o puntos de apoyo,

el metate, una especie de mesita de piedra inclinada con tres patas y un rodillo independiente también de piedra (*metlapilli*) en el que molían los chiles, se utilizaba también para hacer el mole, el café, la calabaza y el famoso cacao con el que hacían el chocolate.

Las cucharas de palo, el molinillo de chocolate, curioso batidor de madera labrado a mano en cuya cabeza había hendiduras y anillas móviles que evitaban los grumos del chocolate, los tenates o recipientes cilíndricos de palma o tule con tapadera que se utilizaban para mantener las tortillas húmedas y calientes.

El comal, recipiente grande de barro que se ponía directamente encima del fuego y sobre él se hacían las tortillas, los huevos estrellados, se asaban los chiles, etcétera.

Las jícaras o platos hondos de calabazas vacías utilizados como recipientes en los que servir las sopas como el pozole o el pozol. Todos ellos forman parte de la actual cocina mexicana y lejos de perderse se recuperan, afortunadamente.

La paila, especie de sartén panameña, las totumas para servir a modo de cucharas, las jabas o cestas para guardar los alimentos y tulas para almacenar el agua. El buren o sartén para cocer el casabe o torta de yuca.

En Puerto Rico utilizaban el anafre, una hornilla portátil hecha con cajas de galletas metálicas vacías que agujereaban para darles ventilación. Las brasas iban dentro. También utilizaban el ya mencionado buren para hacer el casabe. El guayador o rallador para triturar el grano y sacar la harina, hecho de hojalata y agujereado con un clavo.

La dita, hecha de la mitad de una higuera seca a la que sacaban la pulpa. Se usaba para lavar arroz y como medidor de alimentos. La jataca o cazo hecho con medio coco y, como mango, un palo. La jícara como recipiente, pero en vez de calabaza se hacía de coco. La maceta o mazo de madera o incluso de piedra, como el mármol.

De todas formas lo más importante es el cariño como se manejan todos estos artilugios y la imaginación del cocinero o cocinera. Sin ellos no hay platillos posibles.

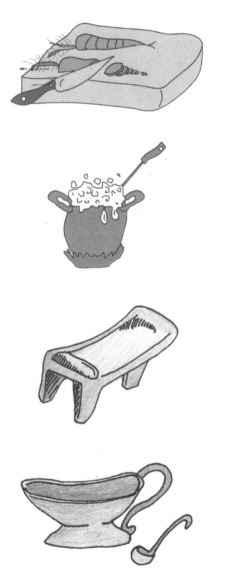

Consejos para el buen uso de este libro

Terminología:

No todos los productos se denominan igual en cada uno de los países o en todas las regiones. Lo que en Argentina es alcahucil en México se traduce por alcachofa. Lo que en España son guisantes en México son chícharos. Lo que en unos lugares son alubias acá son frijoles, lo que en uno son habichuelas verdes, en otros son vainas, etc., por ello hemos definido y aclarado algunos términos en nuestro glosario. "Si cada maestrillo tiene su librillo, cada cocinero sostiene su rasero".

También la interpretación de las cantidades de cada uno de los componentes, que en cada lugar suelen ser diferentes, por ello les ayudamos a dar nuestra fórmula, sin que eso suponga una afirmación rotunda. En Puerto Rico, Panamá y, en general, en los Estados Unidos se utiliza el sistema de onzas y libras en vez de kilos y gramos. También en lo referente a temperaturas como son los grados Celsius o los Farenheit. La globalización terminará con todo ello y acabaremos utilizando un único sistema. ¿Qué es eso de circular por la izquierda si todos circulan por la derecha?

Pizca:

La porción de especia o elemento nutritivo que cabe entre el dedo índice y pulgar. Una pizca de sal, no llega ni mucho menos a una cucharadita o un puñado. Un poco de sal.

Chorro:

Referirnos a una cucharada de vinagre o de aceite puede resultar menos práctico que un chorro o a la vista y es que como dice el refrán "la mano y el ojo, saben".

Cucharada:

Suele ser una cuchara metálica grande sopera o de café. Puede ser algo menor que un chorro. Decir que eso equivale a 0.3 mililitros de algún líquido ayuda poco.

La barra de mantequilla:

Las barras de mantequilla o la pastilla de mantequilla suelen pesar de 125 g a 150 g, es decir casi un tercio de libra. Un cuarto de barra serían 35 g o el equivalente a dos cucharadas.

Una taza:

Se supone que se refiere a la del café con leche. Si no sería una tacita de café chico o cortado. En volumen equivaldría entre 240 ml y 250 ml, es decir, aproximadamente un cuarto de litro. En onzas supondrían 8.

Sal al gusto:

Cada organismo y cada familia sabe los gustos en torno a la sal. Es mejor añadir después, si se encuentra soso, que pasarse en ella.

Manojo:

Unas cuantas ramitas de ciertas especias tipo perejil. Podría ser un puñado.

Raja:

Ciertas especias como la canela en rama hay que deshacerla o deshilacharla. Una raja equivale a una hebra longitudinal de la misma.

Tiempo:

Depende del tipo de estufa o cocina. Una salsa sencilla puede tardar apenas cinco minutos y un buen cocido, más de una hora. Un recipiente de barro aguanta más el calor que uno de aluminio o metálico. También la leña y los diferentes tipos de madera desprenden diferente calor, al igual que el carbón. La altitud de una determinada ciudad hace que el tiempo de cocción sea mayor que a nivel del mar, etc. En la cocina el tiempo es relativo, pero la prisa es un mal consejero gastronómico.

Comensales:

Las cantidades de este libro están pensadas para grupos de 5 a 7 comensales. Seis sería la medida idónea.

Onza:

Equivale exactamente a 28.75 g. En el mundo occidental y globalizado, casi todo se mide en gramos.

Libra:

Antigua medida de peso, vigente en los países anglófilos como Estados Unidos, Panamá y Puerto Rico. En España equivale a 460 gramos. En el Reino Unido es ligeramente diferente. Así, cuando hablamos de medio kilo es aproximadamente una libra. Un kilo tendrá 34.72 onzas y 100 gramos equivalen a 3.47 onzas.

Principales platillos de México, Centroamérica y Caribe

Antojitos

Son aquellos alimentos que tienen como base la masa y la tortilla de maíz. Del andaluz antojo o capricho, era todo aquello que se "apetecía" de manera especial. Tanto en la calle, como en la casa, preferentemente en las fiestas y presentados de forma variada y de manera apetitosa. Así, los sopes, tacos, enchiladas, chilaquiles, chalupas, quesadillas, etc., cobran sentido y realidad. Sobre la tortilla de maíz se echaba todo lo que la imaginación y el bolsillo permitía: carne, queso, chiles, mole, guacamole, nopales, hongos, chorizo, etc. Así surgen los antojitos.

México

Dispone de una amplia y rica variedad de cocinas locales conocidas en todo el mundo y de enorme personalidad ¿Quién no ha probado un taco al pastor, unos huevos rancheros, chiles jalapeños, mole poblano, tamales, chilaquiles, enchiladas, quesadillas, o degustado deliciosa cerveza, tequila, pulque o mezcal? No hablemos de las enfrijoladas de Santo Domingo, sus famosos chiles en nogada, la pechuga ranchera o el pollo manchamantel.

En México coincide la cocina indígena muy elaborada, donde ingredientes como el cacao o el chocolate constituyen una verdadera aportación, al igual que el tomate y sus variedades verde y rojo (en México el tomate rojo es conocido también como jitomate). Los diferentes tipos de chiles, de maíz tierno y cocido o elotes, los tamales, la enorme variedad de frutas exóticas y verduras, de pescados y cebiches, de aves como el famoso guajolote o pavo y carnes, como la del desaparecido

perro azteca, criado para comer y de gran estima culinaria; armadillos, iguanas, tortugas, culebras, insectos tostados (huevos de hormigas o escamoles, gusanos, chapulines o saltamontes), además de variedad de crustáceos y mariscos, etc. No faltaban para las grandes ocasiones venados, conejos, nutrias y osos hormigueros.

Bebidas como los atoles de maíz molido y cocido con agua y condimentos dulces, como el cacao, o picantes, como el chile. También el pozol hecho con agua y de maíz fermentado, de bajo contenido alcohólico. Respecto a las frutas disponían de chirimoyas, ananás o piñas, mamey, zapote (semejante al membrillo), guayaba, tejocote, ciruela, pitahaya, tuna o higo chumbo, papaya y un largo etcétera.

Junto a la cocina indígena, la cocina hispánica. La aportación de platos y guisos traídos por los españoles han perdurado y han dado lugar a una cocina mezclada. Productos como las legumbres, habas, lentejas y garbanzos, los derivados del puerco como el jamón, el chorizo, la morcilla y los embutidos en general; el ajo, la cebolla, el azúcar, el aceite de oliva, el arroz, los nabos, el trigo y el centeno, la chanfaina o sanfaina y el pisto, forman parte de la herencia hispánica.

También la herencia árabe de los dátiles, higos, naranjas y limones, uvas pasas y la simbiosis de éstas dos, dando lugar a una cocina criolla, mezcla de ambas. Por último, la importante y delicada influencia francesa, con sus *omelettes*, crepas, etc.; la estadounidense que da lugar al dudoso "texmex", etcétera.

En definitiva, en México confluyen infinidad de tendencias todas ellas sabrosonas y deliciosas, pero dispone de una auténtica y reconocida cocina típica mexicana.

15

Costa Rica

El denominado Gallo Pinto es el plato nacional compuesto fundamentalmente de arroz con frijoles. Si lleva tostones —plátano frito—, carne, repollo, huevo o aguacate se le denomina "casado". También mariscos, tamales, pescados o guisos con agua de coco o coco rallado los deliciosos "encocados". El bacalao, *ackee*, *pepperport* y el cabrito al curri, son platillos deliciosos.

El Salvador

En este pequeño país, por tamaño, destaca el maíz, los tamales, la chicha de maíz, un licor embriagante, las famosas pupusas (tortillas llenas de chicharrón, repollo, frijoles y queso), la yuca frita, pasteles de picadillo. El café salvadoreño y el *shuco*, bebida caliente hecha de maíz negro, frijoles y chiles, constituyen una avanzadilla culinaria de este emprendedor país. No olvidarnos del cóctel o "chichimeco", con ron, lima y arrayán.

Guatemala

El maíz sigue siendo muy importante. Guisos con frijoles, carne y pollo sazonados con especias locales. Los tamales quetzaltecos, el *Kakik* (caldo de pavo o guajolote picante), el jocón (pollo en salsa de tomate verde) y el *subanik* (carne de res, cerdo y pollo en salsa muy condimentada y hervidas al vapor). También rica variedad en sopas. Los rellenitos confeccionados con pasta de plátano maduro y rellenos de frijol negro. Los dulces y repostería guatemalteca son vistosos, coloridos y con deliciosos gustos como los buñuelos bañados con miel, arroz con leche, los panitos de Comalapa, las *shecas* de Quetzaltenango, las melcochas de Guatemala y los rosarios de Tusa. Conocidos son las canillas de leche y las colochas a modo de rizos de pasta de frutas.

Honduras

En la mayor parte de las localidades hondureñas existe el denominado "plato típico" que lleva tortilla, carne de res, frijoles, queso, plátano, yuca, ensalada de tomate y repollo. Otros platillos llevan mariscos, maíz, salpicón, enchiladas, cebiches, tamales, pastelillos de menudo, albóndigas. Mención aparte merece la sopa de caracol con leche de coco.

Nicaragua

Los picadillos, la sopa contundente del ajiaco, aunque de influencia colombiana muy típica, la masa de cazuela. También el vigorón o el indio viejo, los huevos de la tortuga paslama y sobre todo los nacatamales, la versión nicaragüense del tamal maya. La carne de vaho, iguana a la cacerola, rosquillas, hojuelas y cajetas de coco y plátanos en tentación, complementan la dieta nica. Si va a Granada o San Carlos los gaspares del lago Nicaragua no lo defraudarán.

Panamá

Mezcla de la comida afrocaribeña, española e indígena. Los patacones de plátano (plátano machacado y frito), sancocho (guiso de carne, pollo, vegetales), tamales de maíz con rellenos de pollo o cerdo, carimañolas (pastelillos de yuca rellenos de carne molida y huevo duro). También el cuchifrito, pavo relleno, los queques y las sopas borrachas.

La bebida del hielo raspado; es decir, hielo rociado con siropes o jarabes concentrados de frutas es además de muy típica, altamente refrescante. Cuentan además de la yuca, ñame, calabaza, fruta del pan, totumo y tamarindo.

Cuba

Le podríamos denominar la cocina de la subsistencia o de la imaginación, de gran influencia africana y española. En la isla no falta buen pescado, camarones o langosta que cada uno se procura según sus necesidades. Los productos básicos faltan muchas veces de los desangelados "almacenes", pero lo que son papa, azúcar, arroz o habichuelas, plátanos o huevos sí hay. En los denominados "paladares" o casas particulares donde está pemitido comer mejor a precio europeo y reservado a turistas no falta casi nada. Ropa vieja o el famoso "mojito" o el más sofisticado daiquirí o ponche. Platos de clara influencia vasca como la piparrasa zaruztarra o el pisto bilbaino, bacalao, torrijas en almíbar. La *vita nuova* es una especie de salsa de tomate que convive con el catsup estadounidense o el mojo crudo al estilo de mojo picón canario.

Puerto Rico

Los habitantes tainos tenían especial devoción por la yuca. Con la harina de yuca hacían pan de casabe. Todo giraba en torno al casabe y la yuca. También cocinaban el maíz en hojas de plátano y hacían con él el guanime, que aún perdura. Como platos típicos puertorriqueños, el sancocho o cocido con yautía, plátano, batata, maíz, calabaza, verduras y carne de cerdo, a la que se añaden surullitos de maíz (especie de croquetas con leche, mantequilla, harina de maíz, queso y sal). El plátano verde y amarillo siempre están presentes en la dieta puertorriqueña. El arroz y las habichuelas tan común por estos lares recibe el nombre de "matrimonio". También las hayacas (hallacas) o pasteles puertorriqueños que nos recuerdan a los venezolanos. Funche, tembleque y mazamorra forman parte de esta comida caribeña, mezcla borique y española. Refrescos de tamarindo, guarapo de caña, el carato de guanábana junto con los batidos de frutas, sorbetes y un largo etcétera.

Jamaica

Basados en la agricultura y pesca. Cultivaban yuca en sus conucos o montones de tierra, el que hacía su pan o cazabi (casabe). Destaca sobre todo un tipo de pimienta, denominada de jamaica que reúne en una sola especia cuatro sabores exóticos: nuez moscada, canela, jengibre y clavo. Los arahuacos utilizaban esta especia para curar y conservar las carnes. A esta pimienta se la conoce como *boucan* y de ahí bucanero. También los términos canoa, huracán y barbacoa, vienen de esta isla tan especial. Cocinar el cerdo adobado en barbacoa al estilo jamaiquino con brasas de palo de este árbol es además de una exquisitez un espectáculo. También es conocida la técnica o más bien el arte de los jamaiquinos para pescar, camuflados, patos con calabazas huecas sobre sus cabezas.

República Dominicana

Quienes si dejaron huella culinaria en la antigua Española, fueron los esclavos llevados desde Africa para sustituir la mano de obra indígena diezmada por las guerras, epidemias y enfermedades. Esta basada en el maíz, frijol o habichuela, el arroz, la papa, la yuca y las múltiples especias. La "sazón" que no es otra sino la mezcla de ciertos ingredientes entre los que se encuentran el cilantro (culantro), el ají o guindilla picante, orégano, ajo, etc., es el término más repetido de la cocina dominicana.

Platos como los locrios, moros —donde siempre interviene el arroz y los frjoles negros—, además de carne, verduras, etc., forman parte de la famosa bandera o plato nacional, al que añaden tostones de plátano y una ensalada verde. También las frutas entre las que destacan la lechosa, aquí papaya, plátano, piña, mango y, sobre todo, el coco, con el que hacen la famosa piña colada, de origen puertorriqueño.

Procedimientos

Acitronar:
También dorar, cocinar un alimento en aceite o manteca o mantequilla hasta que se suavice y experimente un pequeño cambio en el color y en la consistencia.

Aderezar:
Condimentar alimentos. En general echarle aceite, sal y vinagre a la ensalada.

Adobar:
Macerar carnes y pescados con condimentos y chile con el propósito de ablandar, aromatizar y conservar dichos alimentos.

Almíbar:
Mezcla hecha con agua y alta concentración de azúcar, con esencias tipo vainilla o canela.

Amalgamar:
Mezclar varios ingredientes para obtener una mezcla homogénea.

Apanar:
Rebozar con pan rallado. En el caso de encocar, rebozar con coco rallado.

Baño María:
Forma de cocer alimentos indirectamente al colocarlos dentro de un recipiente mayor que contiene agua para hacerla hervir, sin que ésta moje o entre en contacto directo con el recipiente menor que contiene los alimentos.

Base:
El ingrediente principal para salsas y sopas.

Bridar:
De amarrar. Cocer las patas y alas de un ave junto a su cuerpo mediate un hilo o cordel fino de algodón.

Caldo:

Sopa clara hecha con carne de pollo o carne. Líquido más o menos denso resultante de cocer en agua, carnes, aves, pescados, legumbres. También cualquier líquido o jugo extraído de vegetales como vinagre y aceite.

Cascar la papa:

Acción de romper la papa con el cuchillo cuando se corta, pero sin llegar a cortarla entera. Mantiene mejor sus propiedades y sabor.

Capear o harinar:

También empanar o apanar. Revolcar un alimento en harina y sumergirlo en huevo batido, añadiendo primero las yemas y luego las claras batidas. Una vez empapados de huevo se fríen en aceite bien caliente.

Condumio:

Relleno.

Clarificar:

Hacer transparente un líquido, caldo, sobre todo, mediante claras de huevo.

Corte juliana:

A la acción de cortar las hortalizas en tiras finas y alargadas. También a la carne que se corta de esa forma. Rajas.

Costrón:

Trozos de pan frito cortado en cuadritos, para guarnecer platos como sopas.

Desalar:

Acción de quitarles la sal a algunos alimentos que se encuentran conservados o curados en sal, como el bacalao.

Desglasar:

Diluir el fondo de cocción de un asado con caldo de agua o con vino para preparar una salsa.

Desgrasar:
Desengrasar. Quitar la grasa de un guiso o caldo mediante la espumadera.

Dorar:
Sofreír un alimento hasta obtener un color dorado, sin que se queme.

Encocado:
Marisco en salsa de coco. Rebozado o empanado con ralladura de coco.

Encurtir:
Procedimiento para conservar verduras y hortalizas, utilizando vinagre para ello, e introducirlas en un recipiente de vidrio hermético. Se utilza en la coliflor, pepinillos, aceitunas, alcaparras.

Escalfar:
Introducir un alimento en agua hirviendo. Se utiliza sobre todo en los huevos. Puede ser caldo o vino. Al agua se le suele añadir un poco de vinagre para, así, cuajar mejor la clara. Cocer los huevos sin cáscara, consiguiendo que la clara dura envuelva la yema blanda. Huevos pochés.

Escalope:
Acción de empanar o apanar la carne o el pescado, cortado en lonchas, para freír.

Espumar:
Quitar la espuma de la superficie de una sopa o caldo hasta dejarla limpia.

Estofar:
Cocer a fuego lento en un líquido hasta ablandarlo. También guisar un alimento con poco líquido en un recipiente cerrado.

Farsa:
Mezclar los diversos ingredientes que se utilizan para un relleno, albóndigas, etcétera.

Flamear:

También flambear. Acción de prender fuego a un licor con el que se ha bañado un alimento, durante la condimentación para conseguir ese sabor del licor.

Freír:

Cocinar un alimento utilizando aceite bien caliente. El tiempo suele ser menor que en otros procedimientos.

Glasear:

Acción de rociar las viandas con el propio jugo y ponerlas en el horno para abrillantarlas.

Gratinar:

Colocar los alimentos, previamente cocidos en un recipiente que aguante bien el calor, en el interior de un horno para dorar la superficie y acabar de hacerse. El alimento puede estar cubierto de pan o queso rallado.

Guarnición:

Al acompañamiento de una comida. Suelen ser papas, tomates, ensaladas, chiles u otros ingredientes de decoración.

Hervir:

Cocer un alimento en agua en ebullición. Puede hervirse con la olla destapada si el alimento se cuece rápido, o a olla tapada si es de cocción lenta y un poco más baja de temperatura.

Humita:

Masa de maíz molido envuelto en hoja de elote o mazorca y cocida al vapor. También tamal.

Jarabe:

Mezcla de agua con alta concentración de azúcar y esencias. Almíbar.

Juliana:
Forma de cortar las verduras muy finas para hacer una sopa que lleva el mismo nombre.

Ligar:
Unir la grasa de un guiso con el resto de la salsa.

Macedonia:
Mezcla de muchas frutas cortadas y bañadas en almíbar, vino o el jugo de la fruta.

Macerar:
Mantener en un líquido en frío algunos alimentos, de los que se quiere extraer alguna sustancia.

Majar:
Machacar en un mortero o molcajete cualquier condimento hasta hacerlo muy fino (ajos, prerejil, etc.) para extraer su pulpa o jugo.

Marinar:
Sumergir los alimentos en una mezcla líquida sazonada durante varias horas para ablandarlos, condimentarlos o darles sabor. Se suele marinar con limón, aceite, sal, pimienta, vinagre, ajo, etcétera.

Montar:
Batir con energía claras de huevo o cremas hasta que "suben".

Picada:
Especie de farsa compuesta de una mezcla de varios alimentos cortados en trocitos pequeños.

Pochar:
Acción de cocer o guisar un alimento en su propio jugo.

Punto de nieve:
Punto al que se llega batiendo las claras del huevo, hasta lograr cierta densidad esponjosa parecida a la nieve.

Rebajar:
Agregar a una salsa más líquido para diluirlo.

Reducir:
Espesar un puré, caldo, salsa o jugo por cocción lenta.

Refreír:
Freír en aceite los alimentos, para dorarlos y añadirlos luego a otro guiso.

Rehogar:
Conseguir que un alimento quede envuelto en su grasa o aceite con el que se trata de condimentar.

Roux:
Voz francesa que designa un tipo de harina tostada en mantequilla para espesar salsas.

Salpimentar:
Sazonar con sal y pimienta un alimento.

Saltear:
Cocer los alimentos a fuego vivo en la sartén o paila, sin aceite ni caldo, removiendo para que no se peguen.

Sancochar:
Cocer algo ligeramente, sin dejar que se ablande demasiado.

Sazonar:
Es mezclar ciertos ingredientes entre los que se encuentran el cilantro (culantro), el ají o guindilla picante, orégano, ajo, etc. Es el término más repetido de la cocina dominicana.

Sofreír:
Freír ligeramente un alimento sin que se cueza por completo.

Trinchar:
Partir en trozos alimentos crudos o cocinados.

Tequila

El tequila es una bebida alcohólica que procede de la destilación del jugo exprimido de una planta o penca, de la familia de los cactus, denominada agave. Es un producto típico mexicano que se produce en varios lugares de Jalisco, en concreto en siete municipios de este estado, entre los que destacan Tala, Ameca, Amatitán y Tequila.

En total existen unas 37,000 hectáreas dedicadas a esta planta, considerada de interés nacional. Además de Jalisco, donde se concentra 95% del producto, se encuentra en Cora, estado de Nayarit, en el estado de Michoacán, en el de Tamaulipas y en el de Guanajuato. Para la calidad del producto se creó en 1994 el CRT o Consejo Regulador del Tequila, y en 1997 la Denominación de Origen del producto.

Existen varios tipos de tequila: el blanco, el reposado y el añejo. El mejor proviene del agave azul. Del agave todo se utiliza. De la penca se construyen las techumbres de cabañas, cestos o hilo para coser. De la fibra de la planta se obtiene abono, y de los desechos de la piña, alimento para el ganado o serrín. También se utiliza para fabricar un papel artesanal de agave, muy preciado.

Una vez separada de las hojas, mediante el utensilio denominado coa, en forma de pala cortante y con mango largo, nos encontramos con el corazón del agave o piña de aromas dulces. Exprimiendo la piña, se obtiene un mosto dulce que denominamos aguamiel, de tonos marrones que se cuece a 90 ºC en unos hornos y que luego fermentará en tinas. Una vez destilado en alambiques de cobre, pasa por el serpentín donde el vapor de tequila enfriado se convierte en alcohol o tequila.

Se guarda en barricas de roble blanco americano de 225 litros que le darán color, olor y sabor. En el proceso se produce una merma de 5%. El tequila reposado tiene dos meses, el añejo un año, y el súper o extra añejo, tres años de barrica. Siempre se tiene en cuenta la figura del "catador" con su "cuernito", quien se asegura del buen estado y gusto del tequila.

Hoy día los alambiques son modernos, las tinas de fermentación de acero inoxidable con capacidad de 64,000 litros y se produce de forma natural, sin química.

Visitamos la hacienda de San José de la Herradura. Se le denominó "herradura", por el símbolo de la buena suerte que representa este objeto. En 1860, Feliciano Ramos fundaría la antigua hacienda San José del Refugio. En ella se construyeron unas 25 viviendas, "casitas", para los trabajadores, junto con unas caballerizas y una capilla religiosa. También una magnífica biblioteca con más de 30,000 volúmenes, orgullo de la hacienda, y en 1870 se inicia la producción de Tequila Herradura. José Romo de la Peña, lo transformaría en la Marca Tequila Herradura S.A. de C.V. de Amatitán, Jalisco, el 15 de junio de 1995. En 2007 la venden a los estadounidenses.

Se denomina jima a la cosecha del agave. Uno de los numerosos procesos manuales más antiguos y que se siguen realizando hoy, es el del jimador o experto en seleccionar los agaves, quien recorta las pencas con una pala cortante que denominan coa que deja el corazón del agave limpio para el cocimiento y parte la piña a la mitad para su mejor proceso de cocimiento. Jima es el acto de cortar el agave con la coa.

El jimador toma la coa y corta el corazón del agave en dos o tres partes. La piña suele pesar unos 45 kilos, y de cada litro de tequila se precisan de 5 a 7 kilos de corazón de agave. Para que la planta produzca tequila se precisaran de 6 a 7 años de cultivo.

Hoy puede visitarse esta hacienda de Amatitán en un tren especial denominado *Tequila Express,* que sale de Guadalajara y que está adaptado para turistas, con música de mariachis, tequila abundante y, sobre todo, buen ambiente.

Pulque

Mayahuel es la diosa del pulque. Es una bebida posiblemente de la mayor trascendencia histórica de México. Era una bebida sagrada reservada sólo a sacerdotes y reyes. El nombre proviene del náhuatl *poliuhque* o echado a perder, aunque se le sigue llamando como sinónimo de vino o licor embriagante, *octli* o también *necuhtli*, que significa miel y es ese aguamiel que sale de sus pencas u hojas carnosas el producto que se extrae de una planta tipo cactus denominada maguey.

El pulque se liberalizó durante la colonia y se tornó una bebida popular, que se consumía en las "pulquerías". A pesar de ser una bebida alcohólica tiene grandes propiedades vitamínicas y oligoelementos, así como riboflavina, tiamina, niacina, etc. Es, en definitiva, un excelente producto nutritivo, además de un licor embriagante.

El tinacal es el lugar donde se lleva el líquido denominado aguamiel o jugo de la penca y se deposita en tinas, donde gracias a unos microorganismos naturales, transformarán el azúcar en alcohol. A la persona encargada de llenar las tinas de aguamiel se le denomina "mayordomo" y en el lugar suele haber siempre un altar que dignifica esta bebida, dedicada a la Santa Cruz. Un maguey puede producir entre 10 y 15 litros de aguamiel por día, durante un periodo de cuatro a seis meses. El tlachiquero es la persona que va al maguey dos veces al día y con su acocote o recipiente hueco y alargado succiona el líquido de las plantas, las castañas para guardar o depositar el aguamiel succionado y un burro para acarrear la carga.

Esta planta surge en terrenos secos y pedregosos, a veces inhóspitos, embelleciendo el paisaje con su presencia. También ayuda a fijar la tierra de la erosión y sus pencas, al

igual que otros cactus sirven para cubrir tejados y techumbres de cabañas de los indígenas otomíes y mazahuas, y sus finas hojas servían como agujas y clavos. De sus hilos fibrosos se tejían mantas y cobijas. También para fabricar papel de amplios pliegos, del tipo denominado papel de *amatle* o amate. Alcanza su madurez entre los 8 y 10 años. De él se extrae el mixiote, que se utiliza para elaborar y dar sabor y color a varios platillos mexicanos. También se utilizaban en los lienzos para pintar y dibujar los códices.

Está considerada como una planta medicinal y se utilizaba como remedio para una cuchillada o curar una llaga fresca, extrayendo el jugo de la penca previamente quemada por las brasas. También contra las picaduras de víbora y otras serpientes venenosas, tomando el jugo y la raíz de un maguey joven, mezclándolo con ajenjo.

Tabla de calorías
(por cada 100 g de alimento)

Sopas:

Caldo..30
Consomé 40
Sopa de pasta 100
Sopa de pescado.......................80
Sopa de tomate.......................40
Sopa de verduras......................35

Verduras:

Aceitunas 100
Acelgas 25
Alcachofas (alcahucil) 40
Apio 20
Arvejas (chícharos).................... 70
Batabel (remolacha)....................80
Berenjena 30
Berro 20
Batata dulce (camote) 150
Cebolla...................................... 40
Brócoli 30
Col..20
Col de Bruselas (repollo) 30
Coliflor...................................... 30
Chauchas (ejotes).....................40
Arvejas (chícharos).................... 80
Choclo (elote) 70
Espárragos...................................20
Espinacas 20
Escarola.......................................20
Ejotes (judías verdes tiernas).......40

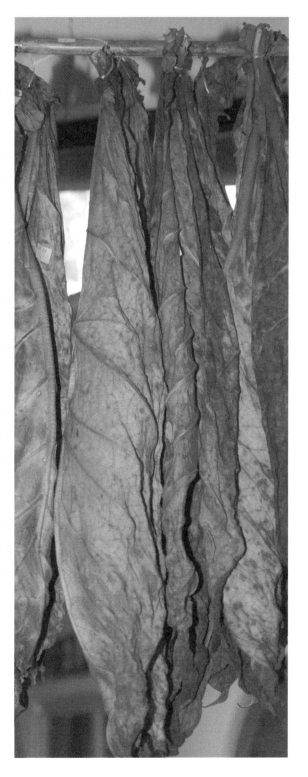

Tabla de calorías
(por cada 100 g de alimento)

Hongos......................................30
Lechuga.....................................20
Nabos 30
Papas...................................... 100
Papas fritas.............................430
Perejil......................................20
Porotos 300
Pepinos....................................15
Pimiento (chiltoma) 30
Repollo....................................30
Tomate 20
Zanahoria 40
Zapallos (calabazas)..................40
Zapallitos (calabacitas) 20

Legumbres:

Avena 300
Arroz......................................300
Garbanzos 360
Germen de trigo 370
Frijoles...................................350
Harina de maíz........................370
Lentejas..................................100

Panes:

Pan blanco............................. 250
Pan negro 200
Tortilla...................................300

Tabla de calorías
(por cada 100 g de alimento)

Pastas:

Fideos.....................................300
Pizza......................................200
Macarrones 300
Tallarines................................200
Sopa de verduras.......................40

Carnes:

Carne de res 250
Conejo....................................150
Cordero 250
Corazón de res 100
Costillas de cordero 340
Costillas de cerdo......................340
Chorizo 550
Foie gras...............................470
Frankfurt salchichas................. 250
Gallina....................................120
Hígado.................................. 150
Jamón.....................................250
Lengua 200
Panceta...................................700
Pollo......................................120
Riñones 150
Salami 200
Salchicha.................................400
Sesos 125

Tabla de calorías
(por cada 100 g de alimento)

Pescados:

Atún 300
Bacalao 70
Bacalao salado 350
Calamar....................................75
Camarón.................................... 70
Huachinango 120
Langosta.................................... 80
Lenguado 90
Mejillones 100
Merluza.....................................60
Mojarra 120
Rape 80
Salmón 250
Salmón ahumado 190
Sardina 250
Sepia 70
Trucha 100

Huevos:

Huevo solo 70
Huevo con aceite.......................160
Huevo revuelto..........................150
Omelette 2 huevos..................... 240

Tabla de calorías
(por cada 100 g de alimento)

Frutas:

Ananá en almíbar (piña) 85
Almendra 650
Avellana 650
Banana (plátano) 100
Cerezas 40
Ciruelas 80
Ciruela seca 100
Coco 600
Damasco (albaricoque) 50
Dátiles 280
Duraznos (melocotón) 50
Duraznos en almíbar 75
Frutilla (fresas) 30
Guayaba 70
Higos 80
Manzana 60
Maní (cacahuate) 650
Melón 30
Naranja 60
Nueces 600
Limones 40
Peras 60
Piña 70
Pomelo o toronja 40
Sandía 30
Uva 80

Tabla de calorías
(por cada 100 g de alimento)

Postres:

Azúcar	400
Bombones	600
Caramelos	350
Crema	140
Chocolate	500
Donas	400
Dulce de leche	350
Flan	200
Galletas	270
Helado	250
Miel	350
Mermelada	250
Panqueque	150
Pasta de hojaldre	600
Pastelillos	400
Pasas de uva	250
Pastel de manzana	250
Postre de gelatinas	100

Leche y lácteos:

Leche 1 vaso	70
Manteca	600
Nata	200
Queso blanco ricota	100
Queso duro de bola	400
Queso curado y semicurado	400
Queso fresco	400
Queso tipo Gruyére	300

Tabla de calorías
(por cada 100 g de alimento)

Bebidas sin alcohol (1 dl 1 taza)

Café solo 10
Café con leche 1 taza 70
Cacao 80
Té con leche, 1 taza 50
1 jugo de naranja 50
1 jugo de tomate 25
1 jugo de manzana 70
1 jugo de uva 80
Refresco de naranja o limón 50
Refresco de cola 70

Bebidas con alcohol (1 dl)

Cava /*champagne* seco/ brut 80
Cava/*champagne* dulce/semi 110
Cerveza 50
Cognac 350
Vermut 140
Vino tinto 70
Vino blanco 60
Whisky 300

Aa

Ababuy *(Ababuy)*
Alimento. Fruto. Árbol parecido al ciruelo.

Abacaxi *(Abacaxi)*
Alimento. Fruta. Piña o ananá en brasileño.

Abocado *(süffig; smooth)*
Vitivinicultura. Se dice del vino que es algo dulce y ligero paladar. Contiene entre 5 y 15 g de azúcares sin fermentar, por litro.

Abrelatas *(Can opener; Dosenöffener)*
Utensilio. Abridor. Instrumento metálico que sirve para abrir las latas de conservas. Los hay de numerosas formas. El más común, denominado de "explorador" consta de un aguijón metálico para romper la lata y un punto de apoyo para hacer fuerza.

Aceite *(das Olivenöl; olive oil)*
Alimento. Líquido denso y espeso obtenido del prensado de las aceitunas u olivas.

Aceituna *(die Olive; olive)*
Alimento. Sinónimo de oliva. Pueden ser verdes o negras cuando maduran.

Las hay de muchos tipos y sabores. Las más pequeñas reciben el nombre de arbequinas. Se suele aplicar un procedimiento para quitarles el amargor y darles sabor, mediante vinagre, ajos, plantas aromáticas y muchos cambios de agua. Cuando se exprimen se obtiene su preciado aceite.

Acelga *(der Mangold; silver-beet)*
Alimento. Verdura que se presenta en grandes hojas, baja en calorías, diurética, es decir, facilita la micción, de fácil digestión y rica en vitaminas A, B, C y hierro.

Acerbo *(der Streng; sour)*
Viticultura. Vino áspero producido por recolecta de uvas prematuras.

Acerola
Alimento. Fruto. De color amarillo o rojo y sabor agridulce.

Achira o achera *(das Pfeilkraut; like banana leaf)*
Planta de flores rojizas y hojas ovaladas. De tipo perenne, es rica en carbohidratos. Estas hojas se utilizan para elaborar y envolver los tamales. También se usan las hojas de plátano o banano.

Acelga

Atún rojo

Achira o achera

Achiote

Ágape

Aguacates

Aderezar

Achiote *(die Achiote-Samen; substitute of safran)*
Alimento. Especia de color anaranjado que le da sabor a los platos. Es un sustituto del azafrán. Recibe el nombre de *bixa* o *bija* y con ella se teñían el pelo los indígenas.

Acitrón *(zuckern; candied citron)*
Cidra confitada. En algunos países como México es el tallo de la biznaga confitada.

Acitronar *(anbräunen; to brown)*
Procedimiento. También dorar. Freír un alimento en aceite, manteca o mantequilla hasta que experimente un pequeño cambio en el color y en la consistencia.

Acocote *(klasse von Kürbis; kind of pumkin)*
Utensilio. Calabaza alargada y agujereada por los dos extremos que se utiliza para extraer, por succión, el aguamiel del maguey.

Aderezar *(würzen; season)*
Procedimiento. Condimentar alimentos. En general echarle aceite, sal y vinagre a la ensalada.

Adobar *(marinieren; pickle)*
Procedimiento. Macerar carnes y pescados con condimentos y chile, con el propósito de ablandar, aromatizar y conservar dichos alimentos.

Ágape *(das Festmahl; banquet)*
Sinónimo de comida, banquete, menú.

Ágrafe *(der Kamm)*
Utensilio. Viticultura. Grapa que cierra y sujeta el tapón de los vinos espumosos, cava o *champagne* y que sustituye al morrión.

Agrio *(Sour; Sauer)*
Procedimiento. Que tiene un sabor y olor parecido al limón o vinagre.

Aguacate *(die avocado; avocado)*
Alimento. Fruto originario de México, de color verdoso, cuanto más maduro más oscurece. Se oxida con facilidad, por lo que habrá que dejarle el hueso o echarle unas gotas de limón. Su pulpa es sosa pero si se condimenta con sal, aceite, limón o vinagre cobra todo su sabor. Se utiliza para el célebre guacamole, salsa típica mexicana. También se le denomina avocado, palta y chuchú (en Ecuador).

Aguayón
Procedimiento. Tipo de corte de la carne de res, situada en la parte trasera, entre los filetes y el culete.

Ajacho
Bebida. Viticultura. Elaborada con chicha y ají, típica de Bolivia.

Ají *(der Pfefferstrauch; red pepper)*
Alimento. Condimento. Especia. Tipo de chile o pimiento verde picoso. Se denomina así sobre todo en Chile y Perú.

Ajenjo *(Absnithe;Wermut)*
Alimento. Especia. Planta de hojas delgadas de color verde o gris claro y sabor amargo. Pueden usarse como hojas frescas o secas.

Aceite

Posiblemente fueron los hebreos y, posteriormente, los fenicios quienes, 5,000 años antes de Cristo, emplearon el líquido viscoso obtenido tras la molturación o prensado de las olivas. No era el alimento el principal destino de tan preciado jugo, sino la cosmética y el combustible. Se consideró signo de pureza, fertilidad, defensa. Se ungía a los reyes, como signo de divinidad. El olivo, heredero de los griegos, llegó a Roma, que lo convirtió en un producto de exportación a todo el resto del imperio, con fines alimenticios. Eso supuso un avance excepcional en el refinamiento de la cultura culinaria.

El líquido de la primera prensada, el aceite en flor, era destinado para cocinar; el obtenido en la segunda prensada y de menor calidad, para el cuerpo, para la salud; y el de la tercera prensada para combustible y luz. Del árbol del olivo, todo un símbolo de la cultura mediterránea, tanto de paz como de fertilidad, se aprovechaba absolutamente todo.

También la cultura árabe, que lo denominó *az-zait* (jugo de aceituna) mejoró los procedimientos y técnicas de refinamiento.

Desde entonces se ha empleado en la alimentación de los pueblos latinos y mediterráneos constituyendo una de las dietas más alabadas, equilibradas, completas y saludables de todo el mundo. Durante un tiempo y por estrategias más económicas que lógicas, quisieron relegarlo en pos de otras sustancias de menos calidad e interés, como los aceites de soya o maíz, pero la realidad y sus efectos han devuelto su justo lugar al aceite de oliva.

La elaboración tradicional del aceite es un arte, además de una técnica. Se recogen las aceitunas apaleando los árboles y tras una selección se procede a la molienda o molturación por prensado, se obtiene un primer aceite, en frío, de excepcional calidad. Luego se procede a decantar ese jugo y extraer las aguas vegetales de lo que es puro aceite, y luego de esto se embotella.

Métodos más modernos emplean centrifugadoras para separar el aceite de las aguas vegetales.

El aceite tiene ácidos grasos que se subdividen en los saturados, que representan entre 8 y 20%, los monoinsaturados, entre 50 y 80% y los poliinsaturados, entre 4 y 20%. De todos ellos los monoinsaturados son los más beneficiosos para nuestro organismo y salud, y el aceite de oliva cumple sobradamente estos requisitos, ya que ayudan a disminuir el denominado "colesterol malo".

El mejor aceite de oliva es el denominado "extra virgen" de gusto exquisito y menos de 1° de acidez. El virgen de excelente gusto y acidez inferior al 2°. El aceite virgen corriente, de gusto correcto y acidez inferior al 3.5° y el denominado lampante, de gusto defectuoso y mayor acidez.

El aceite de oliva refinado procede de un lampante corregido logrando una escasa acidez. El aceite puro de oliva o simplemente de oliva, es mezcla de vírgenes y refinados con una acidez no superior a los 1.5° Es importante leer bien las etiquetas e interpretar sus datos.

Como en los vinos, los aceites tienen sus denominaciones de origen y sus cotizaciones. También sus altos precios, que pueden oscilar entre los cuatro y 10 dólares por litro. Lamentablemente el aceite de oliva empieza a ser un lujo.

Arroz

Aceitunas

Ají

Aderezo

Se utilizan con la menta, con el té o para hacer bebidas tipo vermut.

Ajiaco *(die Kartoffelsuppe; potato and chili stew)*
Procedimiento. Plato típico de Colombia y Centroamérica. Cocido que lleva papas de diferentes tipos, carne de gallina, elote o maíz, huascas, aguacate, alcaparras, cebolla, tomates, ajos, crema de leche, pimienta, sal, etcétera.

Ajonjolí *(der Sesam die Sesamkörner; sesame)*
Alimento. Condimento. Planta herbácea, anual, de la familia de las Pedaliáceas. Con semillas amarillentas, muy menudas, oleaginosas y comestibles. Sésamo.

Ajo *(die Knoblauchzehe [dienteder Knoblauch]; [clove of]garlic)*
Alimento. Especia. El ajo es de gran poder nutritivo rico en contenido vitamínico (B y C). Su ingrediente vital es el aceite volátil que produce un penetrante aroma, además de las propiedades antisépticas. Ejerce en el cuerpo un notable efecto termodinámico o calentador. Ayuda en la prevención del envejecimiento prematuro y otras dolencias de tipo artrítico o reumático. Reduce la presión arterial y el nivel de grasa en sangre. Potencia la vitalidad y la salud, ingredientes indispensables para obtener un perfecto rendimiento sexual. Bulbo comestible de planta de hojas alargadas y flores blancas, de fuerte olor y sabor que se usa como condimento.

Ajos tiernos *(weich Knol; garlic)*
Alimento. Condimento. Ajos con tallo alargado parecido a los cebollines o cebolletas.

Ajowan
Especia. Semejante al comino, tomillo y a la alcaravea. Procede de la India. Además de sus fines medicinales, es un excelente laxante y digestivo. Sus semillas se parecen a las del apio y se usa en los panes indios y como condimento en las ensaladas y aperitivos hindúes.

Alamar
Alimento. Pan. Pasta dulce típica mexicana.

Alambique *(der Destillierkolben; still)*
Utensilio. Recipiente metálico, de cobre, que se utiliza para destilar. Procede del árabe *al-embic*. Se usa para la obtención de licores y alcoholes.

Alcaravea
Especia. De la misma familia que el perejil. Muy aromática, se utiliza en salsas, junto con el cilantro, ajo y la pimienta. Se utiliza también para condimentar panes de centeno y quesos holandeses, alemanes y normandos.

Albahaca *(das Basilikum; basil)*
Alimento. Verdura y condimento. También alabeja. Planta aromática. Se usa fresca o seca. Se utiliza en ensaladas, pizzas, quesos. Es la base de la salsa italiana pesto y combina

Aa

muy bien con el jitomate. Planta de la familia de las labiadas, con tallos ramosos de unos tres decímetros de altura, hojas oblongas y muy verdes, flores blancas, algo purpúreas. Tiene fuerte olor aromático y se cultiva en los jardines.

Albaricoque *(die Aprikose; apricot)*
Alimento. Fruto de la familia de los duraznos, que en América recibe el nombre de damasco. En algunas partes de Aragón (España), alberje.

Alcachofa *(die Artischocke; artichoke)*
Alimento. Verdura. Alcahucil en Argentina. Hortaliza formada por un tallo alargado de hojas espinosas y una cabeza comestible en forma de piña.

Alcahucil *(die Artischocke; artichoke)*
Alimento. Verdura característica de hojas carnosas y comestibles en forma de piña. Alcachofa.

Alcaparra *(die Kapern; caper)*
Alimento. Botón de flor de una planta o arbusto, con espinas en el tallo y hojas grandes. Es como un higo pequeño y verde que se usa como especia. Se utiliza entre otros en el ajiaco colombiano.

Alcuza *(die [Speise] Ölkanne; olive-oil bottle)*
Utensilio. Recipiente cónico utilizado para verter el aceite. Vinagrera. Aceitera.

Alegrías
Alimento. Galleta. Pastelillos hechos de granos de amaranto, típicos en México.

Alfajor *(der Puff; puff)*
Alimento. Pan. Pastelillo elaborado con dos piezas de masa adheridas mediante un dulce. Pastelillo que lleva papelón, harina de yuca, piña y jengibre, típica de Venezuela. Dulce de almendras, nueces, piñones, pan rallado y tostado, especias y miel.

Alguaishte
Alimento. Harina de semillas de ayote molidas. Pepitoria. Se usan en El Salvador.

Alforfón *(der Buchweizen; buckwheat)*
Alimento. Cereal. Gramínea. De grano pardo o negruzco y forma triangular, se confeccionaban unos panes denominados sarracenos.

Algarrobo *(der Johannisbrot baum; calobtree)*
Árbol cuyo fruto, la algarroba, tiene forma de vainas coriáceas, con pulpa azucarada que cubre las semillas y constituye un alimento para caballos y cerdos.

Alholva
Especia. Parecido al heno, se utilizaba con fines medicinales, antipirépticos (bajar la fiebre) y para embalsamar. Rico en proteínas y vitaminas, se utiliza como condimento en las dietas vegetarianas.

Alcaparra

Albahaca

Alfajor

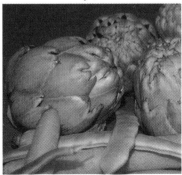
Alcachofa

Ajiaco

Alambique

Alitas

Ananá

Alhóndiga *(der Kornspeicher; corn exchange)*
Procedimiento. Utensilio. Granero municipal donde se repartía la harina triturada para hacer pan.

Alioli *(Sosse "Knoblauch und Olivenöl"; Garlic-and-olive-oil-sauce)*
Procedimiento. Salsa hecha con ajo y aceite. También se le puede añadir huevo. Viene del catalán *all* (ajo) *i oli* (aceite).

Aliñar *(würzen; dress)*
Procedimiento. Aderezar. Sazonar. Condimentar. A las ensaladas, echarle vinagre, aceite y sal.

Almeja *(die Muscheln; clam)*
Alimento. Marisco. Molusco comestible que tiene propiedades afrodisíacas. Las almejas americanas aparecieron en el Reino Unido alrededor de 1920, cuando las arrojaban desde los trasatlánticos al puerto al finalizar las travesías. Las almejas europeas, al igual que las americanas, pueden comerse crudas, abundantemente regadas con limón o cocidas. El único inconveniente es, la mayoría de las veces, el precio.

Almidón *(Das Stärkemehl; starch)*
Alimento. Fécula que se extrae de raíces y semillas de algunos cereales y tubérculos y de numerosas aplicaciones en la industria alimenticia y química.

Almirez *(Brass Mortar; Messing mörser)*
Utensilio. Mortero y mazo o mano de mortero.

De bronce o cerámica y madera, respectivamente. Molcajete de piedra volcánica en México. Viene del árabe *al mehraz*.

Amalgamar *(mischen; mix[up])*
Procedimiento. Mezclar varios ingredientes para obtener una mezcla homogénea.

Amarillos *(die Bananen; ripe banana)*
Alimento. Fruto. Plátano. Banano. Maduro.

Anafre *(der Kocher; cooker)*
Utensilio. Hornilla portátil hecha con cajas de galletas de hojalata vacías que agujereaban para darles ventilación. Las brasas van dentro de la caja.

Ananá *(die Ananas; pineapple)*
Alimento. Fruto. Piña. *Abacaxi* en Brasil.

Anca *(Haunch; Lende)*
Anatomía. Parte superior de las patas traseras del algunos animales como el caballo y, especialmente, las ranas.

Anchoa *(die Asnchovis; wide)*
Alimento. Pescado. De pequeño tamaño, parecido a la sardineta o boquerón, pero de mejor sabor y apto para la conserva. Son muy reconocidas las del Cantábrico.

Andana *(die Reihe; row)*
Utensilio. Viticultura. Hilera de botas o barricas de madera de roble, de vino, montadas a tres o cuatro alturas en una bodega.

Aa

Angostura
Condimento. Concentrado que se presenta en forma de jarabe amargo y denso. Se elabora con ron y la corteza de un árbol sudamericano. Se utilizó en Venezuela por primera vez. Es indispensable en algunos cócteles, como el *pisco sour*.

Anguila *(der Aal [der Stapel]; eel)*
Pez de cuerpo alargado y muy escurridizo que nace en el mar, vive en los ríos y lagos y vuelve al mar para desovar y morir. Se puede comer cocinado o ahumado. Se utiliza mucho en la comida japonesa como una exquisitez. No confundir con angula. Ver angula.

Angula *(der Glasaal; elver)*
Alimento. Pez. Diminutos pescados finos y blanquecinos, muy cotizados en la cocina europea. En realidad son las crías de la anguila. Gulas son los sucedáneos, hechos de pasta de harina de pescado y que cocinados con chile resultan exquisitos.

Anís *(der Anis; anise)*
Especia. Condimento. Fruto de una planta de aroma agradable y flores pequeñas cuyo fruto se utiliza en la elaboración de licores y dulces. Licor transparente y dulce que se obtiene de la mezcla de aguardiente con las semillas de esta planta.

Anona *(der Zuckerapfel; custardapple)*
Alimento. Fruta. Variedad lechosa o tipo de chirimoya parecida a la guanábana.

Anticucho *(der Kebab; kebab)*
Procedimiento. Platillo típico de Perú. Consiste en una brocheta o pincho ensartado de carne, vísceras, etc. Se come asado a la brasa.

Antojitos *(die Gelüste; snacks)*
Son aquellos preparados rápidos o alimentos que tienen como base la masa y la tortilla de maíz. Del andaluz antojo o capricho era todo aquello que se "apetecía" de manera especial. Tanto en la calle como en la casa, preferentemente en las fiestas y presentados de forma variada y de manera apetitosa. Así, sopes, tacos, enchiladas, chilaquiles, chalupas, quesadillas, etc., cobran sentido y realidad. Sobre la tortilla de maíz se echaba todo lo que la imaginación y el bolsillo permitía: carne, queso, chiles, mole, guacamole, nopales, hongos, chorizo, etc. Así surgen los antojitos.

Añada *(der Wein jahrgang; wineyear)*
Procedimiento. Viticultura. Año de la cosecha de un vino. Consiste en dejarlo envejecer en la barrica o botella sin añadirle vinos más jóvenes. Según esto hay vinos jóvenes, crianzas, reservas y grandes reservas. También hay añadas malas, regulares, buenas, muy buenas y excelentes.

Apanar *(panieren; to cover in breadcrumbs)*
Procedimiento. Rebozar con pan rallado. En el caso de encocar, rebozar con coco rallado.

Ánfora

Anchoa

Angostura (pisco sour*)*

Angula

Arepa

Anguila

Anís

Apio

Apero *(die Ackergeräte; tools)*
Utensilio. Conjunto de herramientas utilizadas en la agricultura.

Apicultura *(die Apiculture; Bienenzucht)*
Procedimiento. Es el arte de cultivar y criar abejas para obtener la miel y la cera.

Apio *(der Sellerie; celery)*
Alimento. Verdura. Especia. Se presenta en tallos semejantes al perejil pero más altos y recios. Crece en lugares húmedos. De cierto sabor amargo y característico, sus hojas se emplean crudas en las ensaladas. Las semillas se emplean en la industria conservera alimenticia.

Arándano *(die Heidelbeere; bilberry)*
Alimento. Fruto rojo presentado en bolitas rojizas, con el que se elabora el pacharán navarro, destilado de este fruto.

Árbol del pan *(der Maulbeerbaum; breadfruit)*
Alimento. Fruto dulce del árbol del mismo nombre, que no se come crudo sino cocinado y forma parte de la alimentación básica de los exóticos parajes tropicales.

Arenque *(der Hering; herring)*
Alimento. Pescado. Pez marino, parecido a las sardinas, pero de mayor tamaño, muy utilizado en las culturas nórdica e irlandesa. Además de estimulantes son magníficos reconstituyentes. Hay personas sensibles al fuerte olor que desprenden. Se comen ahumados o secos.

Arepa *(die Maisfladen; cornbread)*
Alimento. Tortilla pequeña, redonda y gruesa de maíz, cocida al horno. También de casabe o yuca. Puede llevar huevo y mantequilla.

Aroma *(das Aroma; fragance)*
Conjunto de sensaciones olfativas de un producto, bien sea alimento o bebida.

Arroba *(Hohlmass für Öl oder Weine; a variable liquid measure)*
Medida. Utilizada para los vinos u otros líquidos, equivalente a 16 litros.

Arrope *(der Mostsirup; syrup)*
Vitivinicultura. Mosto hervido que se utiliza en ciertos vinos generosos y que puede alcanzar consistencia de jarabe.

Arroz *(der Reis; rice)*
Alimento. Cereal. Si el trigo simboliza en la cultura latina la fertilidad, en las culturas orientales, como China o Japón, el arroz simboliza la fecundidad. Cuenta la leyenda que las parejas iban a tener relaciones a los arrozales antes de la recolecta para asegurar una buena cosecha. Ésta es la razón por la que se arroja arroz a las parejas después de la boda.

Arveja *(die Erbsen; pea)*
Alimento. Verdura. Guisante, chícharo, *petit pois* (término francés). En algunos lugares son las semillas que están en el interior de las judías verdes o vainas.

Aa

Asado
Procedimiento. Hacer comestible un alimento por la acción directa del fuego o brasa. Variedad de carnes hechas a la parrilla o *grill*.

Asafétida
Especia. Condimento. Es el jugo lechoso resecado de una raíz, que se transforma en una resina sólida de color marrón y fuerte olor, semejante al ajo. Se usa como sustituto de éste en la India e Irán. Para comerla se debe freír.

Astringente *(astringent; astringent)*
Vitivinicultura. Sensación de aspereza producida en la boca, lengua o paladar, producida por un alto contenido de taninos. Los taninos son sustancias químicas naturales que proceden de las partes sólidas de un racimo de uvas, como las pepas o el raspón.

Atextli
Alimento. Bebida que se hace con semillas de cacao, maíz y agua.

Atole *(das Maismehlgetränk; atol)*
Alimento. Bebida hecha con maíz molido y cocido con agua y condimentos dulces como cacao, miel o picantes como el chile. También se hace con cacao o chocolate, harina de maíz, agua, leche, piloncillo y canela, a esta variedad, se le conoce como champurrado.

Aullana *(der Kürbis; pumpkin, gourd)*
Alimento. Verdura. También Auyana. Ahuyama. Calabaza. Zapayo.

Ayote *(der Kürbis; small pumkin)*
Alimento. Sinónimo de calabaza de forma parecida al calabacín.

Azafrán *(der Safran; saffron)*
Especia. Condimento. Es la más cara. Proviene de los estigmas de unas flores violáceas en forma de azucena a partir de un bulbo. De intenso color anaranjado o amarillo, que en pequeña cantidad colorea y da un aroma persistente. Se presenta en hebras, molido, en infusión y es además, un poderoso tinte.

Azúcar blanco *(der Zucker; sugar)*
Alimento. Condimento. Azúcar refinado y común.

Azúcar de caña *(Sugar os cane; Zucker des Stocks)*
Alimento. Condimento. Sustancia de color blanco, cristalina y de sabor dulce, que se obtiene bien de la caña de azúcar, bien de la remolacha. Presenta varios aspectos según esté refinada, blanca o morena. Potente energético se utiliza en repostería y pasteles. También para endulzar bebidas.

Azúcar *glass (der Puderzucker; sugar [rock candy])*
Alimento. Condimento. Azúcar en polvo o azúcar lustre. Se emplea en repostería y coctelería.

Azúcar moreno *(brauner Rohrzucker; brown sugar)*
Alimento. Condimento. Azúcar de color marrón pardo y granulado, procedente de la caña sin refinar. Se considera el más natural.

Asado

Arenque

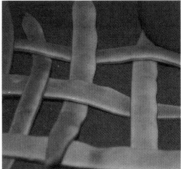
Arveja

Arándanos

Bb

Bb

Babaco *(die Berg-Papaya)*
Alimento. Fruto. Parecido al melón en cuanto a aspecto y pulpa, de sabor agridulce.

Bacalao *(der Kabeljau; cod, fish)*
Alimento. Pez. Abadejo, reyezuelo, mojito.

Bacon *(der Speck; bacon)*
Alimento. Parte del cerdo. Panceta. Tocino ahumado y cortado en tiras.

Bagel *(ein Bagel–Gebäck aus Hefeteig; bagel)*
Alimento. Pan típico de Israel que lleva cilantro y comino.

Bagre *(ing. Catfish)*
Alimento. Pez. Barbo de río de cabeza grande y color pardo.

Balay *(wicker basket)*
Utensilio. Cedazo de bejuco. Cesto de mimbre que se usa como tamizador.

Banano/a *(die Bananenstaude; banana)*
Alimento. Fruta. Plátano, cambur, guineo.

Bandeja *(das Tray; Brett)*
Utensilio. Charola en México. Plataforma de madera u otro material para transportar alimentos.

Baño María *(das wasserbad; bain marie)*
Procedimiento. Forma de cocer alimentos indirectamente al colocarlos dentro de un recipiente mayor que contiene agua para hacerla hervir, pero sin que moje o entre en contacto directo con el recipiente menor que contiene los alimentos.

Barra de mantequilla *(die Butter; butter bar)*
Alimento. Unidad. Las barras de mantequilla o la pastilla de mantequilla suelen pesar de 125 a 150 g, es decir, casi un tercio de libra. Un cuarto de barra sería 35 g o el equivalente a dos cucharadas.

Barrica *(ein kleines Eichenfass; large barrel)*
Utensilio. Vitivinicultura. Tonel de madera de forma característica y ovalada que se utiliza para el transporte y almacenamiento de vinos. Su capacidad es de 225 litros.

Bacalao

Banano

Bacon (tocino)

Berberecho (concha)

Brocheta

Betabel (remolacha)

Berberecho (almejilla)

Base *(die Grundlage; base)*
Procedimiento. El ingrediente principal para salsas y sopas.

Batata *(die Batate oder die Süßkartoffel; sweet potato)*
Alimento. Tubérculo. Camote, boniato, papa dulce.

Batbut
Alimento. Pan. Torta blanda, parecida a la pita pero con más miga, sin cocer, típica de Marruecos, que se sirve caliente y acompañada con otros alimentos.

Batidora *(der Mixer; Mixer)*
Utensilio. Artilugio dotado de un vaso, donde se introducen los alimentos, en cuyo interior se encuentran las cuchillas que se accionan mediante un motor eléctrico.

Becerro *(Calf; Kalb)*
Alimento. Cría de la vaca o res hasta que cumple los dos años.

Beneficiado *(der Nutren; process)*
Procedimiento. Serie de operaciones a las que se somete un producto agrícola, como el cacao, para convertirlo en un producto comercial apto para la venta. En el caso del cacao se debe realizar: fermentación del grano, secado, limpieza, selección, clasificación, etcétera.

Berberecho *(die Herzmuschel; cockle)*
Alimento. Marisco. Molusco de vulvas blanquecinas que se cría en las costas del norte de España y es comestible.

Se come tanto crudo como cocinado. Enlatado pierde parte de sus poderes, aunque resulta un excelente aperitivo.

Berenjena *(die Aubergine; aubergine)*
Alimento. Verdura. Hortaliza comestible alargada en forma de pera, de color morado y pulpa blanca.

Berro *(die Brunnenkresse; water-cress)*
Planta acuática que se utiliza en ensaladas. Rica en hierro.

Besamel
Procedimiento. Salsa. De color blanco y espesa está compuesta de harina, leche, sal y mantequilla. También Besamela. Bechamel.

Betabel *(die Rote Bete; sugar beat)*
Alimento. Tubérculo. También remolacha, de color rojo púrpura o morado, es dulce y se aplica en las ensaladas. De ellas también se obtiene azúcar. Betarraga.

Bife *(das Steak; das Rumpsteak; steak)*
Alimento. Corte de carne de res de gran sabor. Se utiliza en Argentina y Uruguay. El más conocido es el bife de chorizo, pero por el corte, no por el sabor, o parecido con el chorizo tradicional.

Bb

Bija *(die Achiote-Samen; substitute of safran)*
Alimento. Condimento. Colorante amarillo anaranjado. También denominado achiote o *bixa*.

Bikini *(der Bikini; jam and cheese sandwich)*
Alimento. Pan. Sincronizado o emparedado. Bocadillo de jamón y queso, frío o caliente.

Bísquet *(der Biscuit; biscuit)*
Alimento. Pan. Panecillo mexicano cilíndrico y hueco, presto para ser rellenado, como los *volau-vent* franceses.

Bizcocho *(der [Rühr] kuchen; sponge)*
Alimento. Pan. Galleta hecha con harina, huevo y azúcar. Se añade mantequilla y en un molde se cuece entre media hora y tres cuartos. Procede del latín *biz* (dos) y *coctus* (cocción); es decir, la galleta cocida dos veces, que no lleva levadura y dura más.

Bloody Mary *(Bloody Mary)*
Bebida. Cóctel. Elaborada con jugo de tomate, vodka, jugo de limón, tabasco, pimienta negra y hielo.

Bonito *(tuna; thunfisch)*
Alimento. Pescado. Pez marino de tono azulado por la parte superior y plateado en la panza, semejante al atún pero más pequeño. Se utiliza como pescado fresco y en conserva.

Bocoy *(das Holzgefäss; large cask)*
Utensilio. Vitivinicultura. Vasija de madera de roble o castaño, que se utiliza en la fermentación y envejecimiento de vinos. Su capacidad es de 40 arrobas, equivalente a 650 litros.

Bodigo *(das Brötchen; holy roll)*
Alimento. Panecillo hecho con flor de harina y que se llevaba a la iglcsia como ofrenda.

Bolillo *(das kleines Weissbrot; bread roll)*
Alimento. Pan. Forma de denominar en México al pan de harina de trigo de forma alargada. Panecillo.

Bombón *(die Pralinen; chocolate)*
Alimento. Producto del chocolate. Del término francés *bon-bon* que significa "bueno-bueno".

Boniato *(die Süßkartoffeln; sweet potato)*
Alimento. Tubérculo. Papa dulce. Batata.

Boquerón *(Anchovy; Sardelle)*
Alimento. Pez. Pescado parecido a la sardina pero más pequeño y estrecho, con el que se preparan las anchas. Abunda en el mar Mediterráneo y en la costa atlántica de Europa. Se suelen freír harinados.

Balanza

Bolillo

Bombón

Bogavante

Barquillero

Brócoli

Batidora

Bretzel (pretzel)

Boroa *(Brot aus Galicia; Breat of Galicia)*
Alimento. Pan. Pan típico de Galicia hecho con harina de trigo y maíz. Borona. También en otros países latinos.

Boronté *(das Trinkbeutel Bota; leader wine bottle)*
Alimento. Bebida. Sinónimo de chilate. Bebida maya a base de maíz, cacao y agua pluvial.

Borrego *(lamb; lamm)*
Alimento. Cría de oveja de uno a dos años.

Bota *(Trinkbeutel Bota; leader wine bottle)*
Utensilio. Vitivinicultura. Vasija de roble que se utiliza para almacenar y envejecer vinos y brandis o *cognacs*. Su capacidad es de 30 arrobas, equivalente a 500 litros.

Botana *(kleine Vorspeise; appetizer)*
Procedimiento. Platillo típico mexicano a modo de entremés. Algo que se sirve como aperitivo frío o caliente. Pueden ser tacos tortillas, quesos, embutidos, etcétera.

Boucan
Condimento. Típica pimienta jamaiquina. De ahí viene la palabra "bucanero", el que buscaba dicha especia.

Bouquet *(Bouquet, die Blume; bouquet)*
Vitivinicultura. Mezcla de olores y sensaciones olfativas que se aprecian en el procedimiento de maduración del vino, tanto en barrica como en botella. Perfume. Aroma, fragancia y buqué son sinónimos.

Bovino *(Rind[er]; bovine)*
Referente a reses, vacas, ternera, bueyes.

Brandy *(der Weinbrandy; brandy)*
Bebida. Aguardiente de uva envejecido en barrica. Jerez. *Xerry*. Sustitutivo del *cognac*.

Bretzel, pretzel *(die Bretzel; Salzbretzel)*
Alimento. Pasta dulce hecha con los mismos ingredientes que el *croissant* o cruasán, pero de forma redondeada como una cuerda, cuyos extremos se entrecruzan dando lugar a tres espacios u orificios característicos. Es crujiente y típico de Alemania, Bélgica y Suiza.

Bridar *(anbinden; to tie)*
Procedimiento. De amarrar. Cocer las patas y alas de un ave junto a su cuerpo mediante un hilo o cordel fino de algodón.

Broqueta, brocheta o *brochette* *(Fleischspiess; skewer)*
Procedimiento. Voz francesa que se traduce por pincho o alambre de carne, pescado o verduras, listo para asar en carbón o barbacoa.

Brócoli *(die Brokkoli; broccoli)*
Alimento. Verdura. Variedad de la col, con pedúnculos y flores carnosas y granulientas. Tonos verdosos y blanquecinos. Coliflor. Brécol.

Brut *(trocken; dry)*
Vitivinicultura. Sinónimo de seco. Designa sobre todo a los espumosos naturales, cavas y *champagnes* sin aditivos de azúcares. *Brut nature*. Cava muy seco que se comercializa sin licor de expedición.

Budare *(der Tontopf; casserola)*
Utensilio. Cazuela de barro circular típica de la amazonía donde se cuece el casabe o el pan de yuca.

Budín *(der Pudding; trifle)*
Procedimiento. Postre cocinado al horno o baño María en un molde, pero servido sin él. Flan. Lleva leche, huevos, vainilla y azúcar.

Bufé
Procedimiento. Alimentos, por lo general fríos, presentados en varios platos como canapés, tapas y que se sirven a la vez, para comer de pie de modo informal. Término francés.

Bulimia *(die Bulimie; Bulimia)*
Enfermedad que sufren algunas personas que sienten ganas de comer de forma descontrolada y constante pero no se quedan satisfechas. A veces comen demasiado y se producen los vómitos para no engordar o para seguir comiendo. Produce serios trastornos en el organismo.

Buñuelo
Alimento. Procedimiento. Masa de harina batida y frita en aceite. Puede servirse tanto dulce (como postre) o salado (como plato corriente). En el primer caso llevará huevos,

mantequilla, azúcar, sustancias aromáticas y pueden rellenarse con varias clases de dulces (crema, nata, cabello de ángel, etc.). En México es una tostada de harina de trigo, frita, aplanada, que se baña con miel.

Buppu *(die Schokolade; special drinking chocolate)*
Alimento. Bebida. Chocolate con espuma de atole blanco, canela, cacao y pétalos de flor.

Butifarra *(der Wurst; Sausage)*
Alimento. Embutido. Parecido a la salchicha, es típico de Cataluña, Valencia y Baleares. Puede comerse cocinada, asada o curada. Existe la variedad hecha con sangre que es de color negro. Denominada en algunos lugares como morcilla. El famoso frankfurt no es sino una butifarrta moderna.

Budín

Butifarra

Batata (camote)

Buñuelo

Cc

Caballa *(die Makrele; mackerel)*
Alimento. Pescado. Pez de carne clara y muy sabroso. Se consume tanto fresco como en conserva.

Cacahuate *(die Erdnuss; cacahuete)*
Alimento. Semilla. Fruto seco. También llamado cacahuete o maní.

Cacao *(der Cacao; cacao)* Alimento. Semilla del cacaotero. Pepas del fruto del árbol o arbusto donde se extrae el cacao, las cuales, una vez trituradas, son la base del chocolate. En México, las pepas de cacao se utilizaron como moneda de cambio en la época prehispánica.

Cachaza *(die Cachaça; rum)*
Bebida. Vitivinicultura. Primera espuma del jugo de caña cuando comienza a cocerse. Bebida fermentada utilizada para hacer la caipiriña brasileña. Pinga. *Cachaça*.

Cachito *(das Croissant; croissant)*
Alimento. Pan. Pasta dulce también denominada cuernito. Cruasán, cangrejo en Costa Rica o media luna en Argentina. Ver *croissant*.

Caimito
Alimento. Fruto. De forma redondeada, de tamaño algo mayor que un limón y color morado, tiene su pulpa blanca, lechosa y de agradable sabor dulzón.

Cajú
Alimento. Condimento. Especia. Pimiento rojo. Término brasileño.

Calabaza *(der Kürbis; pumpkin)*
Alimento. Verdura. Zapallo.

Calçot
Alimento. Verdura semejante a los ajos tiernos y puerros, que se sirven asadas con llama y mojadas en una salsa de romesco.

Caldo *(die Brühe; broth)*
Procedimiento. Sopa clara hecha con carne de pollo, cerdo o ternera. También puede ser de pescado. Caldo de verduras.

Caloría *(die Kalorie; calorie)*
Unidad que mide la energía producida por el calor. La proporcionan los alimentos. Cada uno de ellos dispone de diferentes cantidades de calor o calorías.

Calabaza

Cacahuates

Cacao

Cactus

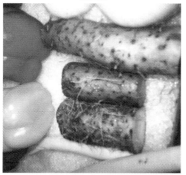

Camote

Canapé

Canela

Una persona adulta precisa entre 2,500 y 3,500 calorías diarias, dependiendo del trabajo que realice y la zona en la que habite.

Callos *(die Kaldaunen; trip)*
Alimento. Vísceras del cerdo. Mondongo, panza, guatita.

Camarón (die Garnelen, shrimp)
Alimento. Marisco. Gamba pequeña. Crustáceo.

Camote *(die Süsskartoffel; tuber)*
Alimento. Tubérculo. Batata, tubérculo blanco y dulce. Papa dulce.

Canapé *(Schnittchen; canapé)*
Alimento. Pasa boca, tapa, rebanadas de pan presentadas con salsa y crema. Se puede colocar encima del pan todo tipo de quesos, embutidos, anchoas y patés. Tapa.

Candeal *(der Weichweizen; bread wheat)*
Alimento. Cereal. Tipo de trigo de excelente calidad con el que se obtiene una harina de la que se hace el pan de ese nombre.

Caneca *(das Fass; glazed earthenware bottle)*
Medida. Se utiliza en Cuba para líquidos, equivale a unos 19 litros. Recipiente de barro en forma de botella con asa que guarda licores.

Canela *(der Zimt; cinnamon)*
Especia. Condimento. Oriunda de la India, Sri Lanka e Islas Seychelles, proviene de la corteza seca de un árbol parecido al laurel y a la casia. Se presenta en rajas o palos, en birutas o palillos y en polvo o molida. Es de sabor y olor agradable, dulce y picante. Se usa en platos salados y dulces. En especial en el cordero, en platos de arroz, en postres y chocolate, en bebidas, etcétera.

Canelón *(canneloni)*
Alimento. Pasta hecha con harina de trigo, en forma de lámina que se enrolla y se rellena de carne, verdura u otros alimentos. Va cubierta con salsa de tomate o bechamel y horneada o gratinada.

Cangrejo *(der Krebs; crab)*
Alimento. Crustáceo. Cámbaro. Jaiba.

Cangrejo *(das Croissant; croissant)*
Alimento. Pan. Forma de denominar al cruasán en algunos países, como Costa Rica. También media luna, cachitos, cuernitos, *croissant*. (Ver *cachito*). En Argentina factura.

Canguil *(das Pop korn; pop corn)*
Alimento. Palomita de maíz, cotufa o pororó. Se utiliza para acompañar sopas de pescado y cebiche. También como aperitivo preferido de los estadounidenses.

Capear *(in Mehl wenden; to drizzle)*
Procedimiento. También empanar. Revolcar un alimento en harina y sumergirlo en huevo batido, añadiendo primero las yemas y luego las claras batidas. Una vez empapa-

Café. Alimento. Bebida. El árbol que produce el fruto del café se denomina cafeto y es oriundo de África, concretamente de Etiopía, donde un pastorcillo denominado Kaldi lo descubrió por casualidad, al observar cómo sus cabras, después de ingerir los frutos menudos del arbusto, comenzaban a brincar de forma anormal. Llevó los granos de café a un monje maronita quien al probarlo lo encontró tan amargo que lo tiró al fuego. Cuando se tostó desprendió tal aroma que al probar el líquido obtenido del grano tostado "inventó" el café, que dicho sea de paso significa "excitante". El café fue llevado a América por los franceses, primero a la isla de La Martinica y de ahí se extendió a todo el continente. América produce la mayor parte del café del mundo, siendo países como Brasil, Colombia, Costa Rica o Guatemala muy reconocidos. También los países africanos y, recientemente, se han incorporado los del Lejano Oriente.

Para que se produzca café son necesarias muchas condiciones: en especial una temperatura de entre 18 y 21 ºC y una pluviosidad en la zona de entre 1,200 y 1,500 mililitros de agua por metro cuadrado. De todas las variedades, el café denominado *arábiga* es el más abundante y a este tipo pertenecen los más conocidos y apreciados, como el Moka o el Blue Mountain de Jamaica, o el Volcán de Oro y Antigua de Guatemala. En México, el café de Jalapa y el de Uruapan, en Michoacán, son muy reconocidos y de alta concentración en cafeína.

El café *robusta* es el segundo en importancia. Su grano es diferente, ligeramente mayor, se da en latitudes más bajas, es menos ácido, tiene más cafeína y es más amargo. Dicen los expertos que el *arábiga* le da el sabor mientras que el *robusta* le proporciona el color.

Todas las tareas encaminadas a la recolección del grano, al secado y trilla del mismo, a la selección, al tueste, etc., se denominan el beneficiado del café. La cafeína es una sustancia que posee el café responsable de una serie de acciones estimulantes sobre nuestro organismo, pero que tomadas en grandes cantidades (unas 60 a 70 ta-

zas al día), pueden ser letales. Entre las cualidades del café están que es digestivo y agradable. Es excitante y activa funciones sensoriales y cerebrales. Actúa sobre el corazón como tónico cardiaco. Ayuda a contrarrestar el alcohol y a pasar la cruda o resaca. Va bien contra el asma y potencia el efecto de las aspirinas.

Por contra no es recomendado para quienes tienen problemas de corazón, ya que altera el ritmo cardiaco y la presión arterial. También, y en altas dosis, produce insomnio. En México hay cafeterías espléndidas donde se reúne la gente y se platica. El Café de la Ópera, la Casa de los Azulejos, el Café Tacuba son emblemáticos, al igual que La Mallorquina o la Bombonera de Puerto Rico. El Ambos Mundos, el Café París, el O' Reill y El Floridita de la Habana, Cuba. La Casa del Café de Managua o la Cafetería Colonial de Santo Domingo. El desaparecido café la Perla de Costa Rica o el del Teatro Nacional o el Grano de Oro. El Café La Luna, La Ventana o Punto Literario de El Salvador. En Buenos Aires, el célebre Tortoni. En Montevideo el Sorocabana, etc. El café, como dijo el periodista y escritor Joan Barril "es la certificación notarial de que los próximos cinco minutos van a valer la pena". ¿Nos tomamos un rico café?

En Colombia al café sólo se le llama tinto o "tintico", y el cortado con leche "perico", y dicen así cuando ofrecen un café: "¿Le provoca un tintico?" El cortado en República Dominicana es un "medio pollo". No se confundan.

Calçot

Callos

Centollos

Calabacín

dos de huevo se fríen en aceite bien caliente. Harinar.

Capulín *(die Pfaume; plum)*
Alimento. Fruto parecido a la ciruela y del tamaño de una cereza, de sabor dulce. Le denominaban "cerezas de las Indias".

Caqui *(Khakis; Khaki frucht)*
Alimento. Fruta de color anaranjado, redonda y dulce, de pulpa con textura. Palo santo.

Caraota *(die Karotten; carrot)*
Alimento. Hortaliza. Zanahoria. Carota. Habichuela en Venezuela.

Carato *(custard appel juice)*
Alimento. Bebida hecha de jugo y pulpa de guanábana.

Cardamomo *(der Kardamom; cardamom)*
Especia. Condimento. Después del azafrán y vainilla, es la más cara y apreciada. El cardamomo es un fruto de forma ovalada que contiene de 12 a 20 semillas cubiertas de una piel dura y estriada. Es de sabor penetrante y un poco ácido. Persiste en la boca si se mastica. Se usa para mascar y mantener el buen aliento. Durante mucho tiempo fue una base económica para Guatemala.

Casabe *(casale; cassava)*
Alimento. Harina de yuca o mandioca. Se hace un pan muy nutritivo. También arepas o tortas. Pan de la selva.

Casia
Especia. Condimento. Oriunda de China y Birmania, es como la canela, la corteza de un árbol secada y plegada a mano. Puede presentarse como corteza, palo o raja, molida en polvo, en vaina. Como frutos secos e inmaduros se usa para las conservas. En otros países se le denomina canela, por sus semejanzas, sólo que es más tosca, amarga y astringente.

Cata *(die Wienprobe, wine-tasting)*
Procedimiento. Vitivinicultura. Examen sensorial de un vino o producto que hace el catador para definir sus cualidades de una forma técnica y analítica, pero sólo con el uso de los sentidos, vista, olfato y gusto. Se diferencia de la simple degustación.

Catania *(die Praliné, praline)*
Alimento. Almendra recubierta con chocolate blanco y polvo de cacao. Es típico de la región de Vilafranca del Penedés en Barcelona (España).

Catsup *(der Ketchup, ketchup)*
Alimento. Salsa. Sinónimo de *ketchup* o salsa de tomate frito preparada.

Causa
Procedimiento. Alimento. Platillo típico peruano en forma de masa de papa rellena o brazo de gitano alargado y adornado con pimiento rojo, rodajas de tomate y olivas.

Cc

Cava *(der Sekt; sparkling wine)*
Bebida. Vitivinicultura. Vino espumoso natural obtenido mediante una segunda fermentación en la misma botella. Se elabora siguiendo el método del champán y en España corresponde a las zonas de Cataluña, Aragón, La Rioja, Navarra y Álava. Lugar donde se guardan y conservan vinos.

Caviar *(der Kaviar; caviar)*
Alimento. Son las huevas del pez esturión. Oriundas de los ríos rusos y del Mar Caspio, tiene un gran contenido proteínico y es estimulante de los instintos sexuales. La marca o procedencia iraní es de lo más apreciada. Hay caviar negro, gris y rojo y también mucho sucedáneo.

Cayena *(Cayennepfeffer; chili of Cayenne)*
Condimento. Es un tipo de chile, largo y estrecho, de color rojo, pero sobre todo muy picante.

Cebada *(die Gerste; barley)*
Alimento. Gramínea. Grano de cereal parecido al trigo pero más alargado. Se emplea para múltiples platos, siendo el pan y la cerveza los más usados.

Cebiche *(der Fishsalat; marinaded fish salad)*
Alimento de pescado marinado. También ceviche o seviche. El sufijo "biche" procede de la Edad Media y significa pequeño. En realidad un cebo pequeño que se utilizaba como carnada y se desechaba de la red. También un "aperitivo". Por eso lo correcto es escribirlo con "b" y no con "v". Hoy se usa para definir la forma marinada con jugo de limón, de preparar ciertos pescados o mariscos.

Cebolla *(die Zwiebel; onion)*
Alimento. Hortaliza en forma de bulbo, compuesta por hojas o capas tiernas, jugosas y apiñadas. Tonos blancos y morados. De fuerte olor y sabor picante. Conocido afrodisíaco desde la antigüedad, ya utilizado en las culturas egipcia, griega y romana. Tiene la capacidad de estimular las glándulas lacrimales.

Cecina *(Art luftgetrockneter Schinken; dried meat)*
Alimento. Carne seca de res o vaca. También de cerdo. Jamón de res o vaca. Cuando se trata de pescado, se denomina mojama.

Cedazo *(das Sieb; sieve)*
Utensilio. Colador. Tamiz.

Cedoaria
Especia. Condimento. Parecida a la cúrcuma, es también un rizoma originario de India. Se presenta como raíz y molida. Se usa en bebidas amargas como el biter, y también como perfume.

Cenoura
Alimento. Hortaliza. Zanahoria. Término muy utilizado en Brasil. Es rico en caroteno y especialmente indicado para la visión. Estimula la fijación de melamina. Rico en vitamina A.

Causa

Cava

Cecina

Caviar

Cántaras

Cañas

Cañaillas

Caquis

Cereza *(die Kirsche; cherry)*
Alimento. Fruta. De color rojo rubí, se torna parda cuando madura. Pequeña y de forma redondeada, con un hueso en el centro. De pulpa carnosa y dulce, es de gran poder energético. Confitada se llama guinda.

Cernir *(sieben; to sieve)*
Procedimiento. Acción de colar, pasar por el cedazo o tamiz.

Cerveza *(das Beer, beer)*
Alimento. Bebida. Refresco alcohólico que procede de la destilación de la cebada. Existen varios tipos como la rubia, negra, nochebuena, etcétera.

Ciappatta *(Ciubatta; ciappatta)*
Alimento. Pan de trigo de forma achatada y rectangular, típico de Italia. En español se traduce por chapata. También *ciabatta*. Tiene su origen en los panes planos de Oriente, chapatis.

Cilantro *(der Koriander; coriander)*
Condimento. Especia. Se presenta en hoja fresca, que se usa para ensaladas y verdura y como semillas, bolitas esféricas. Se usa tanto en platillos salados como dulces. Es un componente básico en el *guacamole* (ver). Se usa también en medicina, para curar migrañas. Las semillas una vez secas se usan en salsas, cremas, tartas y pan. Culantro. Coriandro.

Cinocuilli *(chininicuil)*
Alimento. Insecto. Gusano del maíz.

Ciruela *(die Pflaume; plum)*
Alimento. Fruta de pulpa carnosa y dulce. De piel amarilla, verdosa o morada, tiene un hueso o semilla única en el centro. Jocote. En México, ciruela amarilla.

Citronela *(die Citronelle)*
Condimento. Hierba de tallos verdes, delgados y fibrosos. Su base es bulbosa y tiene un sabor y olor que nos recuerda al limón, de ahí su nombre. Se presenta en tallos carnosos como las cebolletas, en tiras secas o en hojas. También picada en polvo.

Clarete *(der Rosé; mixture of red and white wine)*
Bebida. Vitivinicultura. Tipo de vino de bajo color elaborado con uvas tintas y blancas en una proporción de 10 y 90%, respectivamente. No hay que confundirlo con el término rosado. El único país de America Latina que utiliza el término clarete es Uruguay.

Clarificar *(verdünnen; to clarify)*
Procedimiento. Hacer transparente un líquido, caldo especialmente, mediante claras de huevo.

Clavo *(die [Gewürz] Nelke; clove)*
Condimento. Especia. Son pequeños capullos cerrados de un arbusto que tiene cabeza y cuerpo alargado, y que se asemejan a los clavos de carpintería. Es un buen conservante y analgésico.

Cocción *(das Kochen; cooking)*
Procedimiento. Acción de cocer mediante fuego. Cocer el pan en

hornos mediante corriente de aire, electricidad, gas o leña, como combustible.

Coco *(die Kokosnuss; coconut)*
Alimento. Fruto. Procedente de la palmera cocotera, es apreciado por la pulpa, blanca y carnosa, y el líquido que guarda en el interior de la semilla, dulce y refrescante. Está provisto de amplia capa verde fibrosa y de enorme semilla cuya cáscara pilosa hay que romper. Como las pepas de calabaza, mejoran la calidad y cantidad de semen.

Cocol *(ein süss brot; sweet bread)*
Alimento. Pan dulce mexicano.

Cogollo *(der Kohl; fopf heart)*
Alimento. Verdura. Conjunto de hojas interiores que se encuentran en el interior de algunas verduras, como las lechugas. Corazón.

Col *(der Kohl; cabbage)*
Alimento. Verdura. Repollo. Planta de forma redondeada con hojas amarillas o blanquecinas, comestible, tanto crudas como cocidas.

Col de Bruselas *(der Rosenkohl; [Brussels] sprouts)*
Alimento. Verdura. Igual que el repollo pero en miniatura.

Col lombarda *(der khol lombarda, lombarde cabbage)*
Alimento. Igual que la anterior pero de color morado.

Colador *(das Sieb; sieve)*
Utensilio. Objeto que tiene una tela metálica o lámina perforada que permite pasar los líquidos y retener los sólidos. Cedazo, cernidor, tamiz.

Coliflor *(der Blumenkohl; cauliflower)*
Alimento. Verdura. Planta de forma redondeada de la familia de la col, que posee en su interior una masa carnosa y comestible formada por grumos blancos.

Comal *(das Kuchenblech; griddle)*
Utensilio. Recipiente grande de barro, aplanado, que se ponía directamente encima del fuego y sobre él se hacían los tortillas, los huevos estrellados, se asaban los chiles, etc. También se hacía como plancha metálica o de piedra volcánica.

Comensales *(die Gäste; guests)*
Unidad. Personas que participan de una comida y que se sientan en la misma mesa. Las recetas de los libros de cocina se calculan normalmente para cuatro o seis comensales. La distribución de los comensales en la mesa debe ser un arte y no improvisar al azar.

Comino *(der Kümmel; cumin, jeera)*
Condimento. Semilla. De color pardo, alargada y muy aromatizada. Utilizada en los platillos árabes. Oriunda del Nilo se cultiva hoy en todo el mundo. Es de acusado y característico sabor un poco picante y ligeramente amar-

Cardamomo

Cebolletas

Camarón

Canela molida

Se entiende por condimento aquel componente alimenticio que complementa una comida elaborada o simple, dándole características especiales de sabor, color, olor e incluso conservación de dichos alimentos. De todos ellos, el más importante en la cocina mexicana y latina es el chile.

Los condimentos, aparte de tener propiedades estimulantes, pueden ser también alimentos en sí, como el ajo, la cebolla, el azúcar, ciertas hojas de laurel, albahaca, perejil, la miel, las pasas, etcétera.

Todos deben utilizarse en pequeñas cantidades, ya que de lo contrario podrían echar a perder el plato. Así es el caso de la nuez moscada, el comino, el clavo, el jengibre, orégano, canela, etc., de cuya cantidad depende el éxito.

El achiote, la hoja de acuyo, la hoja de aguacate, el ajo, el anís, el apio, berro, la canela, cebolla, cebollín o cebolleta, chile, cilantro, comino, laurel, mejorana, mostaza, orégano, pimentón, pimienta, poro, romero, tomillo, vainilla, hierbabuena, etc., serían los condimentos aromáticos.

Los condimentos grasos son almendras, nuez, cacahuate, cacao, piñón, manteca y mantequilla. La sal es otro importante condimento. Desde mucho antes de la Conquista los mexicanos ya conocían y utilizaban el chile por sus propiedades estimulantes del apetito y por su característico picor. Además de aportar vitaminas como la C y sales minerales; es además de un condimento que da sabor especial, un ingrediente nato de la cocina mexicana.

La mayor parte de los platillos y antojitos mexicanos, es decir aquellos que llevan como base la masa o el maíz, así como los más elaborados alimentos, como los moles, salsas, tamales, enchiladas, chiles rellenos, ensaladas, carnes, etc., llevan chile.

No hay que confundirlo con los pimientos, que no son picantes y son de digestión más ligera. El abuso del chile puede agravar enfermedades ya existentes, como la gastritis, por lo que deberá moderarse su consumo. Sin embargo, el buen uso ayuda a la circulación sanguínea, se transpira menos, hace más resistente a la picadura de ciertos insectos, y conservan mejor los alimentos, además de darle ese "gustillo" característico que tanto agrada a los latinos y en especial a los mexicanos.

go. Se utiliza en la elaboración del gazpacho.

Concha *(der Kranzkuchen; sugar loaf)*
Alimento. Pan. Tipo de pan dulce mexicano, redondo y recubierto con azúcar.

Concha *(die Muschel [schale]; shellfish)*
Alimento. Marisco. Ostra, almeja, ostión.

Condumio *(die Füllung; stuffing)*
Procedimiento. Relleno.

Cous-cous (cuscús)
Procedimiento. Platillo típico árabe con sémola o mijo hecha al vapor y acompañada de carne de cordero, verduras de todo tipo, pasas y dátiles, todo ello sazonado con especias.

Crepas *(crêpes)*
Alimento. Pasta. Masa de harina, leche y huevos, fina, de forma circular, que se rellena de diversos ingredientes, dulces o salados, y que se fríe en la sartén.

Crianza *(reifen; maturing)*
Procedimiento. Vitivinicultura. Proceso de envejecimiento de un vino en barrica o botella, donde adquiere determinadas características de sabor, olor y color. Depende de las denominaciones de origen y países, el proceso varía entre dos y cuatro años, combinando la barrica de madera y la botella.

Croissant (der Croissant; croissant)
Alimento. Pasta típica francesa de forma característica y en forma de media luna. Sus ingredientes son

harina de trigo, sal, levadura, azúcar, huevo y leche. Una vez elaborada la masa, se deberán hacer triangulitos con la base partida y enrollados para darle su peculiar forma. También cangrejo, cachos, cuernitos, croissant. Fue un invento de las tropas cristianas para conmemorar una victoria contra los árabes y de esa forma "comerse" a la media luna, símbolo del Islam.

Croqueta *(die Kroketten; roquette)*
Procedimiento. Alimento. Bola alargada hecha de pasta o masa, la base es la papa o patata y se le añade jamón, carne de pollo, bacalao, etc., muy picadito. Bañada en huevo batido y espolvoreada con pan rallado y frita en la sartén con aceite bien caliente. También se sirven como canapés o botana.

Cuchara *(der Löffel; spoon)*
Utensilio. Puede ser metálica o de madera. Grande o pequeña. Se utiliza para comer sopas, caldos, etc. También se utiliza en cocina para remover los alimentos. Las hay de todos los tamaños y materiales, aunque las de palo son las más utilizadas.

Cucharada *(der Löffel; spoonful)*
Unidad culinaria. Medida. Suele ser una cuchara metálica grande sopera o de café. Puede ser algo menor que un chorro. Equivale a 0.3 mililitros de líquido.

Cuchuco *(die Gerstesuppe; barley soup)*
Procedimiento. Alimento. Sopa de cebada con carne de cerdo, típica de Colombia.

Cuete *(das steak; steak)*

Cebiche

Cebolla roja

Concha marisco

Cangrejo

Carne Angus

Café

Cúrcuma

Calabazas chinas

Alimento. Carne. Loncha de carne que se saca de la pierna o muslo de la res.

Culantro *(der Koriander; coriander)*
Alimento y condimento. Verdura. Cilantro. Coriandro. (Ver *cilantro*).

Curanto
Procedimiento. Plato típico del sur de Chile, especialmente de las islas de Chiloé. Está compuesto por verduras, carne, mariscos y pescados.

Cúrcuma
Condimento. Especia. Un pequeño rizoma o raíz, de una planta de grandes hojas y flores en forma espigada. La cúrcuma se debe hervir primero y luego se deja secar. Por dentro tiene un color marrón. Su sabor almizcleño, nos recuerda la naranja y el jengibre. Forma parte esencial del curry. Es un potente colorante de tonos amarillos.

Curtido *(Gerben; Tanning)*
Procedimiento. Platillo típico de El Salvador en forma de ensalada realizada con repollo, zanahoria, cebolla, remolacha y otras y que acompañan a las tortas rellenas o pupusas.

Cortes de la carne

De res

Son los hechos para la venta y consumo de la misma. Es evidente que no todas las partes del animal saben igual y que dependerán de la zona y también del tipo de corte que se haga a la carne. Para hacerla a la brasa es muy importante el manejo de la parrilla, así como el tipo de leña o madera que se utiliza para el fuego. Todos los detalles resultan importantes para un buen asado.

Chambretes de las patas, especial para pucheros y cocidos. La cola o rabo de la que se hacen excelentes guisos, la bola de la parte superior de las patas traseras, especial para guisados, al igual que el culete. La tapa de aguayón y el aguayón son especiales para bistecs, así como el filete. El entrecot y el *roast beef* para bistecs y costillas. El pescuezo, para ese delicioso platillo del jugo de carne, la falda para carne deshebrada o mechada, las agujas también para costillas, el pecho y la cabeza, para cocidos y pucheros. El diezmillo para asar.

De cerdo

aprovecha, tanto para embutidos (chorizos, morcillas, jamón), como su cabeza, cuerpo y extremidades. Su corte es más fácil y las partes del medio son las mejores. Pierna, es la que se utiliza preferentemente para filetes, milanesas y carne en general para guisado. Sobre todo las patas se usan para el apreciado jamón, que deberá estar curado y expuesto en lugares secos y ventilados.

El lomo se utiliza bien en trozos para guisos o cocidos, bien en rebanadas para bistecs. Es una parte fina del cerdo aunque no tan jugosa y sabrosa como la pierna. Las chuletas son justamente la carne del lomo, junto con la costilla. Toda carne adosada al hueso es más sabrosa que la no adosada. Las costillas son la parte suelta y separada del lomo. Asadas, a la barbacoa o en guisados, resultan muy sabrosas. La espaldilla, en la parte superior de la pierna, se usa para jamón; el pecho especial para trocear y guisar. La falda, carne para deshebrar. Se usan en los rellenos de chiles y tacos. La cabeza, para sopas como el *pozole* (ver). El espinazo muy utilizado en los preparados con *mole* (ver). Con los pies se realiza excelente guiso o asado. Son las célebres manitas. Las orejas son muy apreciadas.

CHch

CHch

Chabacano *(die Aprikose; apricot)*
Alimento. Fruta parecida al melocotón, damasquillo o albaricoque. Rico en vitamina A (beta-caroteno).

Chacalin
Alimento. Crustáceo. Camarones pequeños que pasan por un proceso de inmersión en sal. Se encuentran en El Salvador.

Chacolí *(Txacoli; sharp-tasting Basque wine)*
Vitivinicultura. Tipo de vino blanco y tinto típico del País Vasco. Se caracteriza por su tono ácido, su aguja o carbónico natural, y su baja graduación, entre 8.5° los tintos, y 11° los blancos. También *Txacoli.*

Chalote *(die Schalotte; shallot)*
Alimento. Condimento. Tipo de ajo tierno.

Challah
Alimento. Típico pan de harina de trigo de Israel.

Chambrete
Procedimiento. Tipo de corte

de la pata del cerdo o de la res. Chambarete.

Chamburo *(die Papaya; papaya)*
Alimento. Fruto. De sabor y aspecto de papaya. Tipo de papaya más fuerte y agridulce.

Champán *(der Champagner; champagne)*
Bebida. Vitivinicultura. Vino espumoso natural obtenido en una segunda fermentación en botella, típico de la región francesa de Champagne.

Champiñón *(das champignon; mushroom)*
Alimento. Tipo de hongo blanquecino, redondo, pequeño y muy sabroso. Seta de forma redondeada y color pardo que crece en lugares húmedos y oscuros.

Chamuco *(brot von Querétaro; brezd of Querétaro)*
Alimento. Pan típico de la región mexicana de Querétaro.

Chancho *(das Schwein; pork)*
Alimento. Cerdo. Puerco. Cochino.

Chapata *(Ciabatta; ciappatta)*
Alimento. Pan. *Ciappata. Ciabatta.*

Champán

Chapata

Chile en nogada

Chile guajillo

Chile chipotle

Chayote

Chicharrón

Chapulín *(die Heuschrecke; chapulú)*
Alimento. Botánica. Saltamontes. Existe la costumbre de freírlos y comerlos. Saben exquisito.

Charola *(das Tablett; tray)*
Utensilio. Bandeja.

Chaucha *(die grüne Bohne; early potato)*
Alimento. Patata temprana que se guarda como simiente en Chile y Perú. En Argentina, a las vainas o judías verdes. Ejote.

Chayote *(die Chayoten; chayote)*
Alimento. Hortaliza verde de piel característica, a veces está cubierta con espinas y tiene forma de pera. De pulpa muy suave rica en agua y vitaminas. Es muy digestiva, baja en calorías y fácilmente combinable con otros alimentos.

Chicha *(der Maisbranntwein; maize liquor)*
Alimento. Bebida fermentada o aguardiente de granos o frutas. La chicha de uva es la más común. Aguardiente obtenido de la fermentación del maíz en agua azucarada.

Chícharo *(die Erbse; pea)*
Alimento. Verdura. Guisantes. *Petit pois.* Legumbre de color verde en forma de pequeñas y características bolitas. Arveja.

Chicharrón *(die Speckgriebe; crackling [of pork])*
Alimento. Trozos de la grasa del cerdo fritos y crujientes.

Chicozapote *(ist die eiches Kaugummi; natural gum)*
Alimento. De pulpa color marrón, muy jugosa. Su semilla posee la textura del chicle natural de gran dulzura. Es el auténtico chicle o goma de mascar.

Chifle *(die Bananenchips)*
Alimento. Rodajas de plátano muy finas que se fríen hasta quedar crujientes como las papas. También llamados *patacones* (ver).

Chilaquiles
Alimento. Platillo de tortillas de maíz cortadas en trozos y previamente fritas. Se presentan bañadas con salsa verde o roja y queso blanco rallado.

Chilate
Alimento. Bebida. Se elabora con chile, maíz tostado y cacao. Refresco.

Chilindrina *(sweet bread)*
Alimento. Pan. Tipo de pan dulce mexicano redondo.

Chino *(der Diener; sieve)*
Utensilio. Colador cónico perforado por el que se pasan las salsas con ayuda de una mano de madera o metálica que también tiene forma cónica. Pasapuré.

Chinola
Alimento. Fruta de la pasión o maracuyá.

Chipilo
Alimento. Fruta. Rodajas de plátano fritas. Chifles.

CHch

Chiricaya
Alimento. Postre. Dulce de leche y huevos. *Jericaya* (ver).

Chirimoya *(der Zuckerapfel; die Chirimoya)*
Alimento. Fruta de origen americano, de piel rugosa, verde, marcada por pequeñas ondas. De pulpa blanca, melosa y dulzona tiene unas semillas negras características. Se le denominó "el manjar blanco".

Chirla *(die Venusmuschel; mussel)*
Alimento. Marisco. Molusco comestible parecido a la almeja, pero más pequeño.

Chirmol *(ein Gericht; stew)*
Procedimiento. Alimento. Guiso de pimiento con tomate, cebolla y otros ingredientes.

Chocho *(die Lupine; lupin)*
Alimento. Leguminosa blanca con textura crujiente. En algunas partes también denominado altramuz. Plato con verduras y pasta típico de Cachemira y Tíbet.

Choco
Alimento. Pescado. Trozo de calamar rebozado.

Chocolate
Alimento. Bebida típica de los mayas y aztecas elaborada con cacao. Solía beberse líquido y escanciado. Era además de un excelente alimento energético, un potente afrodisíaco.

Chongo zamorano
Alimento. Postre elaborado con leche cuajada y especias.

Choclo *(der Mais; maize)*
Alimento. Gramínea. Elote, maíz, chilote, jojoto.

Chontaduro
Alimento. Fruto. Proviene de una palma cuyo fruto tiene forma y aspecto de dátil. Se come tanto cocido como crudo.

Choripán *(rump steak and bread)*
Alimento. Típico bocadillo argentino, con chorizo o longaniza y abierto en forma de mariposa.

Choro *(die Miesmuschel; mussel)*
Alimento. Marisco. Mejillón.

Chorro *(der Schuss; spirt)*
Unidad de medida culinaria. Referirnos a una cucharada de vinagre o de aceite puede resultar menos práctico que un chorro o a la vista y es que, como dice el refrán, "la mano y el ojo, saben".

Chucho
Alimento. Pasta alargada, frita y azucarada rellena de crema.

Chufle
Alimento. Verdura. Espárragos silvestres de pequeño tamaño y comestibles sólo de la parte blanda.

Chumbo *(die Kaktus feige; pricklypear)*
Alimento. Fruto. Crece en un cactus denominado chumbera.

Chile

Chirimoya

Chorizo

Churrería

El chile es un condimento de la familia de las solanáceas. Un tipo de pimiento que presenta diferentes formas, colores y tamaños. De escaso aroma, su sabor varía mucho, desde suave a extremadamente picante. Los grandes y redondeados son menos picantes que los pequeños, puntiagudos y de piel fina. (Ver *condimento*).

Chiles picantes

Chile de árbol

De color verde claro cuando está verde y tonos rojizos cuando madura. Es pequeño, alargado y puntiagudo. Se seca por sí solo sin necesidad de deshidratarlo.

Chile jalapeño

También recibe el nombre de cuaresmeño, según sea seco o encurtido en vinagre. Es más ancho y grande que el chile serrano. Su color es verde intenso y tiene forma ovalada.

Chile serrano

De dimensiones pequeñas, entre 5 y 7 cm. Se utiliza en infinidad de platos mexicanos. Es fresco y de color verde vivo. Se suele comer en escabeche.

Chile habanero

Pequeño, verde con tonos anaranjados cuando madura. Es típico del sur de México y es el más picante.

Chile piquín

Muy picante de vaina de 5 cm. Verde cuando está fresco se torna rojo claro cuando madura. Se seca de forma natural. Hay dos variedades: la pequeña, de forma ovalada, se suele presentar en vinagre, y otra más alargada que se usa molida, una vez seco.

Chile güero o chilaca

Es de tonos amarillos y se conocen diferentes variedades. El más largo se conoce como chile carricillo y se suele adobar en escabeche. Muy parecido a éste es el húngaro. El tipo caribe es más pequeño y el denominado bola se reconoce porque es redondo.

Chiles

Chiles picantes deshidratados

Chile cascabel
De tamaño pequeño, redondo y seco. Su color es rojizo café.

Chile pasera
Condimento. Es aquel chile secado al sol y no en secadora. Sus semillas no están completamente secas y es de mejor sabor. Deben freírse o asarse ligeramente, si no amargan.

Chile poblano o ancho
De color verde clarito cuando está fresco, y cuando se deshidrata adquiere un tono rojo oscuro, arrugado, y se denomina chile ancho. Si es más oscuro tirando a café y más delgado que el anterior se denomina mulato. Suelen rellenarse de queso, carne o frijoles.

Chile pasilla
Es un chile largo y delgado. Deshidratado tiene un tono café muy oscuro, tirando a negro. Es poco picante.

Chile chipotle
Verde cuando está fresco y rojo guinda cuando se deshidrata. Se suele adobar en escabeche. Cuando está seco es arrugado y es el jalapeño maduro. Es muy aromático.

Chile morita
Más pequeño y redondo que el chipotle. Se vuelve rojo cuando se deshidrata. Es muy picante.

Chile mirasol o guajillo
Verde cuando fresco y rojo cuando madura y se deshidrata. Se conocen dos variedades: el real (unos 5 cm) y el criollo tres venas (unos 9 cm).

Chile chiltoma
Pimientos. Muy típicos en Centroamérica, sobre todo Nicaragua. También miltoma.

Champiñones

Churrasco

Coliflor

Chusco

Chimenea

Es redondeado, con una piel llena de pinchos. Su pulpa carnosa tiene numerosas semillas. Tuna. Nopal.

Churrasco
Alimento. Carne de res asada a la plancha o a la parrilla. Se puede aliñar con diferentes salsas más o menos especiadas, como el chimichurri elaborado a base de ajos, perejil, ají picante, sal y vinagre.

Churro
Alimento. Pasta. Hecho con masa de harina de trigo y frito en aceite hirviendo. Alargado y de forma estriada o redondo y hueco. En ese caso se denomina porra.

Chusco *(das Kommissbrot; soldier bread)*
Alimento. Panecillo equivalente a una barra de cuarto de kilo y que el ejército daba a los soldados. También denominado pan de munición.

Chuta
Alimento. Pan. También denominada chutaca, pan ovalado y plano, que se le añade grasa, típico de Cusco, Perú.

73

Chocolate

Chocolate. Alimento. Bebida. Del chocolate nos hablan todos los cronistas de Indias. Desde Bernal Díaz del Castillo a fray Bernardino de Sahagún. Desde Hernán Cortés a los grandes personajes como Quevedo, Rubén Darío o Napoleón. Todos ellos y muchos más fueron "adictos" al chocolate.

Los toltecas creían en el origen divino del chocolate, aunque fueron los mayas los verdaderos consumidores de cacao, con el que hacían bebidas deliciosas tales como el *xocolatl* o vino de cacao; el chorote, donde mezclaban cacao con harina de maíz y piloncillo, y así hasta nueve bebidas donde el agua de chile o *chilatl* compuesta por cacao, maíz y agua de lluvia, era la última.

El *cacaohoatl*, el pochol, eran otras bebidas, donde también el cacao formaba parte. *Xocoatl* significa "agua amarga" y las semillas de cacao se utilizaban como moneda. Los españoles lo introdujeron en España y de ahí se expandió a

Europa y el resto del mundo, convirtiéndose rápidamente en todo un acontecimiento social. Además de delicioso y nutritivo, posee propiedades afrodisíacas.

Fueron precisamente los misioneros los que más se preocuparon después por el uso culinario del chocolate y los conventos en verdaderas factorías o cocinas, en especial las de Oaxaca. Luis Monreal Tejada es categórico al afirmar: "Eran tiempos difíciles de rigurosas cuaresmas y de ayunos extremados, en donde muchos clérigos vieron en el chocolate un medio donde aligerar sus sacrificios, puesto que al fin encontraron una bebida que daba satisfacción al estómago y paliaba el hambre".

Dicen que de uno de estos conventos salió el famoso mole poblano, al mezclar de forma accidental un recipiente de chocolate con otro de especias.

En México existen numerosos platillos elaborados con chocolate o en los que éste forma parte. El mole poblano es sin duda el más representativo. En la denominada "nueva cocina" se mezcla el chocolate con las aves, o con el conejo. No es difícil encontrar langosta con chocolate; pulpos con papa, cebolla y chocolate. Con chocolate se hacen hoy verdaderas filigranas.

Dd

Daiquirí *(Daiquiri)*
Bebida. Cóctel que nació en Cuba y lleva el nombre de una mina de cobre. Para su preparación, poner en la coctelera tres cuartas partes de hielo, ron, zumo o jugo de lima y azúcar. Agitar y servir.

Damajuana *(demijohn)*
Utensilio. Vitivinicultura. Recipiente de vidrio en forma de garrafa con capacidad entre 4.5 y 5 litros. Se utiliza en Argentina. Existe la damajuana chilena con capacidad para 10 litros.

Damasco *(die Aprikose; apricot)*
Alimento. Fruta. Albaricoque. Alberge, en algunas regiones de España.

Dátil *(die Dattel; dates)*
Alimento. Fruto. Procedente de la palmera datilera, alargado y dulce. Considerado como un vigorizante sexual y estimulador de la potencia masculina. También se elabora con este delicioso y dulce fruto el denominado vino de palma reconocido por la cultura árabe. Con él se hace el pan de dátiles y es componente de numerosos postres.

Degüello *(die Enthauptung)*
Procedimiento. Vitivinicultura. Proceso por el que se eliminan las lías o restos de impurezas acumuladas junto al corcho en la botella de Cava o Champán, vuelta boca abajo, en una segunda fermentación.

Dehesa *(Weide; Pasture)*
Terreno grande que está dedicado al pasto de ganado.

Delantal *(die Svhürze; apron)*
Utensilio. Mandil. Prenda de tela o plástico que cubre la parte delantera de la cintura y pecho, evitando que la ropa se manche al cocinar.

Dentera *(Tooth edge; Zahn-Ecke)*
Sensación desagradable o dolorosa que se produce en los dientes o encías al comer algo áspero o agrio. También puede darse al oír ruidos desagradables o estridentes.

Derretir *(To melt; Schmelzen)*
Procedimiento. Convertir una sustancia o alimento sólido en líquido mediante la acción del calor. Fundir.

Daiquirí

Dátil

Dehesa

Dorada

Duraznos

Digestión

Descafeinado *(Descaffeinated; Koffeinfrei)*
Procedimiento. Proceso químico por el que se extrae la principal sustancia del café, la cafeína, manteniendo el resto de propiedades, como sabor, aroma, textura, etcétera.

Desglasar *(Verdünung; to clarily)*
Procedimiento. Diluir el fondo de cocción de un asado con caldo de agua o con vino para preparar una salsa.

Deshidratar *(Dehydrieren; To dehydrate;)*
Procedimiento. Proceso por el cual se extrae el agua a los alimentos.

Despellejar *(Abhauten; To skin)*
Procedimiento. Quitarle la piel a un animal. Desollar.

Dieta *(die Diät; diet)*
Procedimiento. Conjunto de alimentos que puede o debe comer una persona. Estar a dieta no significa no comer, sino comer aquello que conviene en cantidades moderadas y de forma adecuada al organismo.

Digestión *(die Verdauung; Digestión)*
Procedimiento. Proceso que se inicia en la boca con la masticación y salivación de los alimentos que pasan al aparato digestivo, en donde se convierten en sustancias capaces de ser asimiladas por nuestro organismo para su nutrición y funcionamiento.

Dorada *(die Goldbrasse)*
Alimento. Pescado. Comestible y muy sabroso, de cuerpo oblongo y cabeza robusta. Sargo. Lampuga.

Dorar *(anbräunen; to brown)*
Procedimiento. Sofreír un alimento hasta obtener un color dorado, sin que se queme.

Dry Martini
Bebida. Cóctel. Contiene vermut, ginebra seca, piel de limón y mucho hielo.

Durazno *(der Pfirsich; peach)*
Alimento. Melocotón. Fruto de pulpa deliciosa y dulce de fácil digestión. Se digiere mejor cuando se consume hervido en conserva de almíbar. Su semilla es única, grande y rugosa.

Dulce de leche

Escarola

Ee

Ebullición *(Auf kochen; Boiling)*
Procedimiento. Proceso químico que se produce cuando un líquido se calienta y empieza a hervir. Las partículas de agua o burbujas comienzan a evaporarse y pasan de líquido a gas.

Eiswein
Bebida. Vitivinicultura. Vino de hielo alemán. Las uvas se recogen heladas, y se obtiene un mosto muy concentrado en azúcar, dando mayor grado alcohólico.

Ejote *(die grüne Bohne; stringbean)*
Alimento. Verdura. Judía verde. Vaina.

Elixir *(Elixier; Elixir)*
Procedimiento. Líquido compuesto por diferentes sustancias mezcladas con alcohol y que se utilizan para curar enfermedades. Remedio que utilizan curanderos y chamanes al que se atribuyen propiedades mágicas.

Elote *(die grüne Bohne;corncob)*
Alimento. Gramínea. Mazorca de maíz tierno. Granos de maíz sueltos y tiernos. (Ver *choclo*).

Embudo *(der Trichter; funnel)*
Utensilio. Objeto de forma cónica y abierta por ambos lados que sirve para introducir líquidos en una botella o recipiente de cuello estrecho.

Embutido *(Wurst; Sausage)*
Alimento. Procedimiento. Realizado con carne picada y especias e introducidos en la tripa de un animal que se deja secar. El salchichón, chorizo, salchicha, etc., son embutidos.

Empalagoso *(sickly; Widerlich Süss)*
Se dice del alimento que resulta muy dulce o azucarado al paladar.

Empanada *(die Pastote; pie)*
Alimento. También empanadilla. Tortillas de harina de trigo dobladas y rellenas de atún, huevo duro y pimientos. Se fríen en aceite o manteca caliente. Si están rellenas de queso u otro ingrediente y la tortilla es de maíz son las quesadillas mexicanas.

Emparedado *(der Sándwich; sandwich)*
Alimento. Sinónimo de bocadillo.

Empanadillas

Ensalada

Elotes

Embudo

Embutidos

Endivia

Enchilada

Enchilada *(die Enchilada; stuffed tortilla)*
Alimento. Tortilla de maíz enrollada y rellena de verduras, carne de res, de pollo bañadas en salsa, y cubiertas con queso. Son famosas las denominadas suizas, aunque nada tengan que ver con ese país, cuando el queso las cubre como la nieve en la montaña.

Encocado
Procedimiento. Marisco en salsa de coco. Rebozado o empanado con ralladura de coco.

Encurtir *(in Essig einlegen; to pickle)*
Procedimiento para conservar verduras y hortalizas, utilizando vinagre e introduciéndolos en un recipiente de vidrio hermético. Se utiliza en la coliflor, pepinillos, aceitunas, alcaparras, etcétera.

Endivia *(die Endiven; endive)*
Alimento. Verdura. Muy rica en vitaminas y minerales, se utiliza en ensaladas dándole un cierto carácter amargo. También endibia.

Enebro *(der Wacholder; juniper)*
Alimento. Fruto. Según el Kama Sutra, la infusión de baya de enebro es una bebida que aumenta el vigor. Está contraindicado para mujeres en periodo de gestación y para todas aquellas personas que padezcan insuficiencia hepática.

Eneldo *(der Dill; dill)*
Especia. Se conocen tanto sus hojas, delgadas y finas, aromáticas con cierto sabor anisado, como sus semillas, presentadas en racimos. Se utilizaba mucho en los trastornos de cólicos y en el hipo. También para provocar la secreción de la leche en los periodos de lactancia. Es típica de los países nórdicos y sirve tanto para conservar pepinillos, como para pastas y mariscos.

Engrudo *(der Kleister; paste)*
Procedimiento. Mezcla de harina y agua que se usaba para pegar, sobre todo papel. Ha sido el pegamento casero por excelencia.

Ensaimada *(das Blätterteiggebäck aus Mallorca)*
Alimento. Pasta dulce redonda, enrollada y plana, típica de las Baleares. Su nombre procede de *saim*, manteca de cerdo en catalán, que es uno de sus principales ingredientes.

Ensaladilla *(Rusian salad; Gemisch)*
Procedimiento. Alimento. Plato frío que está formado generalmente de hortalizas y tubérculos, cortado en trozos pequeños y mezclados, aderezado con aceite, vinagre y sal. Suele llevar guisantes o chícharos, papa cocida, zanahoria, olivas, atún y normalmente está aderezada también con salsa mayonesa. También ensalada rusa.

Entraña *(bowles)*
Parte interna de un animal. Vísceras. Tripas.

Escabeche
Procedimiento. Salsa que se prepara con aceite frito, vinagre, laurel, sal, etc., para conservar o dar mayor sabor a ciertos alimentos, en especial pescados y carnes.

Escalfar *(pochieren; to embezzle)*
Procedimiento. Introducir un alimento en agua hirviendo. Se utiliza sobre todo en los huevos. Puede escalfarse también con caldo o vino. Al agua se le suele añadir un poco de vinagre para que, de esa forma, se pueda cuajar mejor la clara.

Escalope *(das Schnitzel; steak)*
Procedimiento. Alimento. Loncha o rodaja de carne que se reboza, empana o apana y se fríe.

Escamoles *(die Ameise; ant)*
Alimento. Insectos fritos. Hormigas cuyas ninfas son comestibles. Platillo típico de algunas zonas de México en que utilizan huevos de hormiga.

Escarchar *(kandieren; to cover in hoarfrost)*
Procedimiento. Consiste en mojar las copas con agua y congelarlas después durante 15 minutos. También cubrir el borde de un vaso o copa con azúcar. Para ello se moja con limón y luego se coloca sobre un plato con azúcar, para que quede impregnado.

Escarola *(die endivie; endive)*
Alimento. Verdura. Planta comestible de color verde amarillento, de hojas rizadas y sabor amargo que se utiliza de forma cruda en ensaladas.

Escurridor *(das Abtopfsieb; colander)*
Utensilio. Recipiente semiesférico y lleno de agujeros que sirve para escurrir el agua o líquido de algunos preparados como el arroz, verduras, ensaladas, etc., después de lavarlos o hervirlos.

Espagueti *(spaghetti)*
Alimento. Pasta alargada, fina y redonda.

Espárrago *(der Spargel, aparagus)*
Alimento. Verdura. Planta cuya raíz produce yemas alargadas muy sabrosas. Los espárragos blancos se cultivan tapando los tallos con tierra a medida que crecen. Aporta aminoácidos, minerales y principalmente potasio, fósforo y calcio, imprescindibles para mantener un alto nivel energético. Muy utilizados en ensaladas. Son apreciados los espárragos verdes o trigueros. Cuanto más blanco y grueso, más cotizado. No debe darle el sol.

Espinaca *(der Spinat; spinach)*
Alimento. Verdura de hojas verdes, muy rica en hierro. También en vitaminas y minerales, proporciona mucha energía.

Espumadera *(das Schaumlöffel; skimmer)*
Utensilio. Disco plano y metálico, perforado de agujeros con un mango largo, utilizado para retirar la espuma de los caldos. También para los huevos fritos o estrellados. Rasera.

Espumar *(schäumen; to sparkle)*
Procedimiento. Quitar la espuma de la superficie de una sopa o caldo hasta dejarla limpia.

Encocado

Empanada

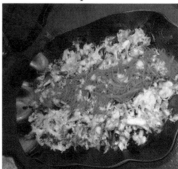
Escarola

Escamoles

Ee

Escurridora

Espaguetti negro

Espagueti con salsa de tomate

Espárrago

Espumoso *(der Schaumwein; sparkling)*
Bebida. Vitivinicultura. Vino con gas carbónico procedente de la misma fermentación natural, lo que origina burbujas. Diferente del vino gasificado artificialmente.

Estofado *(stew; schmorbraten)*
Procedimiento. Plato de carne o pescado, cocinado a fuego lento en un recipiente al que se le ha echado agua, aceite, cebolla, ajo, sal y otros alimentos.

Estufa *(das Ofen; cooker)*
Utensilio. Sirve para calentar. En Latinoamérica sinónimo de cocina.

Exprimir *(aufpressen; to squeeze)*
Procedimiento. Proceso por el que se obtiene líquido o jugo o zumo de un alimento mediante la acción de apretar. Exprimidor es el utensilio que se utiliza para exprimir.

Especias

Especias

Las especias son sustancias vegetales que se usan para dar sabor fuerte, picante o excitante en los alimentos con tan sólo utilizar pequeñas cantidades. Provienen de raíces aromáticas secas, semillas, bayas, cortezas, brotes, etcétera.

Además tienen la característica de que algunas pueden ayudar a conservar la mayor parte de esos alimentos. Poseen un fuerte olor y se encuentran en los aceites esenciales de las plantas al ser destiladas.

Aromáticas y picantes suele ser su primera división, aunque existen otras más. Entre las especias más importantes están la pimienta, el jengibre, la canela, el clavo, la nuez moscada, que principalmente son originarias de Asia. El *boucan* o pimienta inglesa, la vainilla, los chiles, el cardamomo, etc., son originarios de América. En el Mediterráneo tenemos el comino, el cilantro, el hinojo, la mostaza, la adormidera, el eneldo y el enebro, entre otras.

Siempre fueron muy buscadas y apreciadas gracias a sus características conservantes, medicinales y también utilizadas en los perfumes. Se solían guardar bajo llave y se consideraban los alimentos más caros y valiosos de la despensa.

De hecho, un kilo de azafrán puede costar muchos cientos de dólares. Los descubridores buscaban otras rutas marítimas para hacerse con el control de las especias que fomentó un rico comercio entre Europa y las Indias. En la actualidad forman parte de la vida cotidiana y participan en la mayor parte de las salsas y comidas tanto sofisticadas como cotidianas y sencillas. Dejemos, como decía J. Norman, "que sea nuestro paladar quien decida el papel de las especias en la cocina de hoy".

Además de las mencionadas se conocen la alcaravea, la casía, la cúrcuma, la ceodaria, la citronela, la asafétida, el anís estrellado, la galanga, la neguilla, la cubeba, el zumaque, el sésamo, el tamarindo, la alholva, el *wasabi* y muchas más, pero las dejamos para otro libro más específico.

Ff

Factura *(backen; cake)*
Procedimiento. Alimento. Pan. A toda una serie de pastelillos y repostería de hojaldre, típicos de Argentina, como las palmeras, cruasanes o medias lunas, vigilantes, etcétera.

Feijoada *(brasilianische Bohneneintopf; brazilian bean soup)*
Alimento. Procedimiento. Plato típico brasileño con más de 350 años de antigüedad. Eran los esclavos importados de África quienes lo cocinaban. Sus componentes son alubias o habichuelas negras (feijoes), boniato, chorizo, calabaza, aderezado con salsas.

Felipe
Alimento. Bollo de pan sin grasa típico de Argentina.

Fermentación *(die Gärung; fermentation)*
Procedimiento. Proceso químico por el cual las sustancias coloidales solubles en agua y elaboradas por células intervienen en reacciones bioquímicas a modo de catalizadores o reguladores inorgánicos. En la elaboración del pan, intervienen hongos que transforman los azúcares en ácidos carbónicos y alcohol. Mediante la fermentación también se consigue alcohol etílico.

Fideo *(nudel; noodle)*
Alimento. Pasta fina en forma de hilo, hecha con harina de trigo.

Fideuá
Procedimiento. Plato típico del Mediterráneo, parecido a la paella, en el que se sustituye el arroz por fideos.

Filete *(die Scheibe; tenderloin)*
Procedimiento. Loncha de carne o pescado, delgada y limpia de huesos o espinas.

Flan
Procedimiento. Alimento. Postre hecho al baño María con huevo, leche, azúcar, en un molde de forma troncocónica y que se cubre con caramelo. Natillas. Budín. Crema catalana.

Foie gras (paté)
Procedimiento. Alimento. Pasta hecha con hígado triturado de ave o cerdo, mezclada con especias y otros ingredientes. Paté.

Factura

Fideo

Filete de pescado

Ff

Filete de cerdo

Fresas

Frijol negro

Forraje (*forage; futre*)
Procedimiento. Pienso. Conjunto de hierbas o pasto seco que se da como alimento a las reses.

Fósforo *(phosphorus; phosphor)*
Elemento químico, de símbolo P, abundante en la naturaleza y que se precisa en el organismo de los seres vivos. Los pescados son ricos en este mineral. Cuando es puro brilla en la oscuridad, es venenoso y tiene múltiples usos en la industria como fabricación de fertilizantes, cerillos, fuegos artificiales, etc., ya que arde con facilidad.

Fragancia *(der Duft; fragrance)*
Atributo que hace referencia a un aroma acentuado y persistente. Se aplica a vinos, perfumes y ciertos alimentos y flores.

Freír *(frittieren; to fry)*
Procedimiento. Cocinar un alimento utilizando aceite muy caliente. El tiempo de cocción suele ser menor que en otros procedimientos. También se puede freír con manteca o grasa.

Fresa *(die Erdbeere; strawberry)*
Alimento. Fruto. Oriunda de Chile, tiene forma de corazón, de color rojo y aspecto granulado. Su carne es dulce y agradable. Se utiliza como postre y confitura. Se le denomina también "berris", frutilla, etcétera.

Frijol *(die Bohne; bean)*
Alimento. Gramínea. También fréjol, frisol, poroto, caraota (Venezuela), feijoes (Brasil), alubias, judías, habichuelas. Básico en la dieta latinoamericana.

Frutilla *(die Erdbeere; strawberry)*
Alimento. Tipo de fresa pequeña, dulce y rica en vitamina C, hierro y calcio. Es refrescante y diurética. Debe lavarse muy bien.

Funche *(Fischgericht aus Kabeljau und Maismehl)*
Alimento. Torta hecha con harina de maíz, agua, sal y manteca, que se come con café negro, muy típica de Puerto Rico.

Frijoles

Fresas con nata

Gg

Gg

Gachas *(der Brei; porridge)*
Procedimiento. Alimento. Masa de harina blanda que tiene mucho líquido. Comida compuesta por harina cocida con agua y sal que puede aderezarse con miel, leche u otro aliño.

Gajo *(Scheibe; cluster)*
Cada una de las partes en las que se dividen algunas frutas como los cítricos, en especial naranjas y mandarinas.

Galanga (die Gewürzlilie)
Condimento. Especia. Raíz o rizoma con corteza de tonos marrones, oriunda del sureste de Asia.

Galleta *(der Keks; biscuit)*
Alimento. Pasta de harina, azúcar, agua y otros componentes, de diversas formas y cocida dos veces, crujiente y tostada.

Gallo pinto
Alimento. Procedimiento. Platillo costarricense, nicaragüense y en general, de toda Centroamérica. Contiene arroz (carbohidratos), frijoles (proteínas), manteca o aceite (grasas) y minerales y vitaminas del arroz y los frijoles.

Gamba *(die Garnele; prawn)*
Alimento. Marisco. Crustáceo parecido al langostino, pero más pequeño, cuerpo alargado, color rojizo con largas antenas y varios pares de finas patas. Se le atribuye un alto contenido afrodisíaco. En algunas culturas se comen vivas. Camarón. Gambón. Carabinero.

Ganache *(schnittfeste Trüffel-Creme; truffles)*
Procedimiento. Alimento con relleno hecho con chocolate, nata, mantequilla y bañado en chocolate líquido.

Gandules *(die Linse; lentil)*
Alimento. Gramínea. Lentejas.

Garbanzo *(die Kichererbse; chickpea)*
Alimento. Gramínea. Legumbre típica redondeada y parda que debe remojarse para ablandar. Contiene fécula y proteína. Componente importante en la cultura árabe. Con él se hace el humus.

Garrafa *(die Karaffe; carafe)*
Utensilio. Recipiente de vidrio con capacidad entre los dos y 16 litros,

Gallina

Gamba, camarones

Garbanzo

Gastronomía

Güisquiles

Golosinas

Gratinar

protegido exteriormente con fibras y que sirve para almacenar y transportar líquidos, especialmente vinos.

Gaspar
Alimento. Pez. Pescado de agua dulce que se encuentra en lagos nicaragüenses, junto a guavinas, pejesierras.

Gazpacho *(der Gazpacho; gazpacho)*
Alimento. Plato típico de Andalucía, refrescante, nutritivo y que se sirve frío. Lleva jugo de tomate, pepino, pimiento verde, ajo, aceite de olivo, sal, vinagre y pan de miga.

Gastronomía *(Gastronomy; Gastronomie)*
Procedimiento. Conjunto de elementos técnicos, alimenticios y culturales que se utilizan para cocinar en un determinado lugar. Forma particular de cocinar y condimentar ciertos alimentos en una zona o país determinado. Ciencia culinaria. Gastrónomo.

Gianduja
Procedimiento. Alimento a base de almendras, avellanas, nueces muy picadas mezcladas con chocolate negro.

Gimlet *(Cocktail aus Gin und Limetta; gin coctail)*
Bebida. Cóctel. Se prepara con ginebra, jugo de lima, una rodaja de lima y mucho hielo.

Ginebra *(Geneva; Gin)*
Licor. Destilado. Bebida alcohólica de color transparente obtenida por destilación de semillas de cereales y a las que se le añaden bayas de enebro como aromatizador. Gin.

Ginger beer *(der gin bier; gin)*
Bebida, espumosa y con poco alcohol, obtenida mediante la fermentación en agua de una mezcla de especias como el jengibre, bitrartato potásico y azúcar. Es popular en Reino Unido.

Girasol *(Sunflower; Sonnenblume)*
Alimento. Planta gramínea. Sus hojas en forma de corazón y de tallo recto tienen grandes flores amarillas y fruto compuesto por semillas comestibles tras quitarle la cáscara. Se obtiene aceite de ellas.

Gluten *(das Gluten; gluten)*
Componente químico. Sustancia albuminoidea que se encuentra en las semillas de las gramíneas junto con el almidón. Es una reserva nutritiva que se sirve del embrión para crecer.

Golosina
Alimento. Dulce. Producto azucarado que gusta a los niños. La mayor parte con edulcorantes y de escaso valor nutritivo.

Graham
Alimento. Pan con nombre propio que utiliza un tipo de harina que lleva su nombre y en proporción de doble, frente a la utilizada del trigo, con sal, levadura, un poco de aceite y leche.

Gg

Gran reserva
Procedimiento. Vitivinicultura. Calificación que reciben ciertos vinos, que han permanecido al menos dos años en barrica de madera y otros tres en botella.

Granada *(der Granatapfel; pomegranate)*
Alimento. Fruto de aspecto externo como un membrillo. Compuesto por una semilla de granos rosados o rubís. Se come desgranada y su semilla puede resultar un poco indigesta. Sus granos son indispensables para los chiles en nogada y el ponche navideño. En los países árabes se utilizan los granos de granada para simbolizar la fertilidad y fecundidad de las parejas, en lugar del arroz.

Granos del Paraíso
Especia. Relacionada con el cardamomo, es típica de la comida africana. De fuerte sabor picante, se asemeja también a la pimienta, de ahí que se le denomine pimienta de Guinea o pimienta Melegueta.

Gratinar *(überbacken, gratinieren; to bake, melt)*
Procedimiento. Colocar los alimentos, previamente cocidos, en un recipiente que aguante bien el calor, en el interior de un horno, para dorar la superficie y acabar de hacerse. El alimento puede estar cubierto de pan o queso rallado.

Grosella *(die Johannisbeere; redcurrant)*
Bebida. Fruto. De color rojizo, jugoso y dulce como un jarabe. Mezclada con agua se obtiene un refresco.

Guacamole *(die Avocadocreme; avocado sauce)*
Alimento. Salsa. Mezcla de aguacate maduro triturado, tomate, cebolla y cilantro. Puede ser picante.

Guachinango
Alimento. Pescado. Huachinango.

Guajolote *(der Truthahn; turkey)*
Alimento. Ave. Pavo. Chompipe.

Guanábana *(stachelannone; custardapple)*
Alimento. Fruta tropical de pulpa jugosa muy fresca, dulce y blanquecina, aunque un poco indigesta. Posee en su interior unas semillas negras. Pertenece a la familia de las anonas, al igual que la chirimoya.

Guapote
Alimento. Pez. Pescado de agua dulce, comestible y de sabor apreciado, procedente del lago Nicaragua.

Guarapo *(der Zuckerrohrschnaps; sugar-caine liquor)*
Alimento. Bebida. Té de hierbas medicinales. Guarapo de caña, bebida refrescante del jugo de caña con hielo.

Guarnición *(die Garnierung; garnish)*
Procedimiento. Acompañamiento de una comida. Suelen ser papas, tomates, ensaladas, chiles u otros ingredientes de decoración.

Guasca *(die Peitsche; guasca)*
Alimento. Verdura. Planta aromática y verde que se utiliza en el ajiaco colombiano. También huasca.

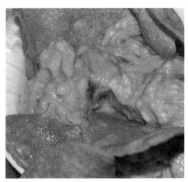
Guacamole

Granada

Gambas secas

Guindas

Guisante

Guayaba

Gallo pinto

Guanábana (agua)

Guata *(der Bauch; tripe)*
Alimento. Parte del corte del cerdo o res que se corresponde a la barriga, panza o vientre.

Guayaba *(die Guave; guava)*
Alimento. Fruta tropical perfumada, de pulpa lechosa y blanquecina, rica en vitamina A y C. Su piel es de variados tonos verdes y rojizos. En su interior hay abundantes semillas.

Guinda *(kirsche; cherry)*
Alimento. Fruta. De color rojo y de forma redonda se asemejan a las cerezas, con hueso interior. Cereza confitada.

Guineo *(die Banane; banana)*
Alimento. Fruta. Plátano dulce parecido al canario.

Güisquiles *(die Zuccchini; marrow)*
Alimento. Verdura. Calabacines. Se usa en El Salvador.

Gran reserva

Hh

Hh

Habichuela *(die Bohne; kidney bean)*
Alimento. Gramínea. Judía tierna o seca. Sinónimo de vaina, frijol y alubias. En Brasil es conocida como feijo. (Haba.)

Habichuela pinta *(die rote Bohne; red kidney bean)*
Alimento. Gramínea. Judía seca o alubia pintada de rojo o café. Frijol oscuro.

Halulla
Procedimiento. Pan que se cuece en ladrillos o piedra muy caliente.

Harina *(das Mehl; flour)*
Procedimiento. Alimento. Polvo obtenido de la molienda de un cereal. Habrá tantos tipos de harina como de cereales, y dentro de un mismo cereal, varias más.

Harira
Procedimiento. Alimento. Término para designar sopa de diferentes cereales. Sopa típica árabe. Es espesa y lleva garbanzos, lentejas, carne magra de cordero, azafrán, harina de trigo, sal, pimienta, tomate, arroz, jugo de limones, cebolla, aceite, perejil, cilantro y agua.

Hayaca *(wie Maultaschen; tamale)*
Alimento. Típico de Venezuela. Ver humita o tamal. Hallaca.

Helado *(das Eis; ice cream)*
Procedimiento. Postre. Crema hecha con leche, azúcar, huevos, frutas, chocolate, etc., que se congela y se toma como postre. Es originario de China, donde mezclaban el hielo con diferentes jarabes dulces.

Hervir *(kochen; to boil)*
Procedimiento. Cocer un alimento en agua hirviendo. Puede hervirse con la olla destapada si el alimento se cuece rápido o a olla tapada si es de cocción lenta y con temperatura más baja. El agua hierve a 100 ºC Depende de la altura donde se cocine, tardará más o menos tiempo en romper a hervir: a mayor altitud, más tiempo.

Hidratos de carbono *(das Kohlehydrat; carbonhydrate)*
Compuesto químico. Lleva carbono, hidrógeno y oxígeno, elementos

Habichuela

Huevos cocidos

Helado

Higos

Hinojo

Huevos pericos

Horchata

fundamentales en algunos tipos de alimentos como las féculas, el pan, las pastas, los azúcares, etc., y que sirven de energía de consumo rápido para nuestro organismo, frente a otras sustancias más lentas de asimilar como las grasas o lípidos y las proteínas.

Higo *(die Feige; green fig)*
Alimento. Fruto de la higuera. Carnoso y dulce. Breva.

Hinojo *(der Fenchel; fennel)*
Condimento. Especia. Oriundo de China e India, fue empleado por los romanos. Planta de hojas largas y ligeras y flores amarillas. Muy perfumado de aroma parecido al anís. Se usa mucho en el pescado, conservas, etcétera.

Hierbabuena *(Mint; Minze)*
Alimento. Especia. Variedad más común de la menta. Hierbaluisa. Se usa en el té árabe. Tiene propiedades tónicas y estimulantes. Se aconseja en los dolores de estómago, vómitos, etcétera.

Hogaza *(Loaf; Laib)*
Alimento. Pan grande y redondo.

Hojaldre *(Der Blätterteig; puff pastry)*
Alimento. Pan. Masa muy heñida o sobada con manteca, que al cocerse en el horno forma unas láminas u hojas finas que se sobreponen. De ahí que se le denomine también "mil hojas". Su origen es netamente árabe.

Se distinguen dos tipos de hojaldre: el pastelero, que lleva harina, azúcar y mantequilla, y el de cocina, que no lleva azúcar y en vez de mantequilla utiliza grasa de cerdo. Con ellos se hacen numerosos pastelillos.

Hongo *(die Pilzen; mushrooms)*
Alimento. Setas. Champiñón.

Hollejo *(die Schalen; skin)*
Fruta. Viticultura. La piel que cubre la pulpa de la uva.

Horchata *(Erfrischungsgetränk aus Mandeln; nut milk)*
Alimento. Bebida. Refresco que se obtiene triturando un pequeño tubérculo dulce, denominado chufa, con agua. También se obtiene con arroz, agua y azúcar.

Horno *(der Backhofen; oven)*
Utensilio. Aparato cerrado hecho de múltiples elementos resistentes al calor que produce altas temperaturas, utilizando varias fuentes de energía, como leña, carbón, gas, fuel, electricidad, microondas, y que se usa para cocer alimentos.

Hot dog *(Hot Dog; hot dog)*
Alimento. Bocadillo típico estadounidense, en castellano "perrito caliente", que consta de pan dulce, con abundante conservante, salchicha tipo Frankfurt hervida en agua y bañada en mostaza o *ketchup* de tomate. Apareció en 1962 como idea culinaria.

Hotem

Utensilio. Bolsa de tela o canuto de semilla hueco que se ataba a la cintura en la que se portaban granos de cacao. Este cacao se utilizaba como moneda entre los mayas.

Huascas *(die Peitsche; guascas)*

Alimento. Verdura de amplias hojas parecidas a la acelga o espinaca y que se utiliza en el ajiaco colombiano. También Guascas.

Huitlacoche *(type of edible fungus)*

Alimento. También cuitlacoche. Hongo exquisito que crece en la planta del maíz y cuyo término maya equivale a "excremento de los dioses". En México se utiliza mucho como relleno de quesadillas, tacos y acompañantes. Es una auténtica trufa del maíz.

Humita *(ein Maisgericht; tamale)*

Alimento. Masa de maíz molido envuelto en hoja de plátano, elote o mazorca y cocida al vapor. También tamal. Hayacas, nacatamal, según el lugar.

Hongos

Huevos en salsa

Hot dog

Horno artesanal

Huevos

Huevos. Alimento. Constituyen uno de los alimentos básicos, por su abundancia, precio y por contener altos contenidos nutrientes, en especial proteínas. Es el almuerzo por naturaleza de media humanidad. Empezar el día con huevos revueltos, fritos, estrellados o rancheros con su porción de frijol y un buen jugo de naranja, es una sana costumbre.

El huevo se compone fundamentalmente de la clara o albúmina y la yema, cinco veces más nutritiva y con gran cantidad de fósforo y grasas. En calorías un par de huevos equivalen a 50 g de carne o 1/4 de leche y proporcionan 150 calorías.

Es un recurso de fácil cocina que no debe faltar nunca. Obviamente el más utilizado es el de gallina, aunque se consumen los de perdiz, oca y guajolote, en menor escala. Es preciso que los huevos estén frescos. Para ello podemos utilizar la vieja técnica del agua. Se sumergen en agua y si se van al fondo están frescos. Si se mantienen por la mitad o se van arriba, es decir, flotan, habrá que desecharlos por otros más frescos. Se preparan de diferentes maneras, como tibios o "pasados por agua". Se calientan en agua y se mantienen en ebullición durante minuto y medio a dos, dependiendo de lo cocidos que los deseemos. Se sirven en las famosas hueveras de porcelana y una vez rota la cáscara se le añade un poco de sal y se remojan las tiras de pan.

Los huevos duros se calientan en agua en ebullición durante más tiempo, de 15 a 20 minutos y a fuego más lento. Luego se sumergen en agua fría para que la cáscara se desprenda mejor. Es un excelente acompañante de las ensaladas y se suelen rellenar y mezclar con variedad de salsas. Los huevos pochés o escalfados se obtienen cuando se ponen sin cáscara en un cazo o cucharón y se sumergen en agua caliente en ebullición con un poco de vinagre, para que la clara se coagule mejor. Pueden escalfarse también en vino o consomé. Hay que tener cuidado al servirlos, bien escurridos y evitando que se rompan. Los huevos estrellados o fritos, bien en mantequilla, bien en aceite, según el gusto. Se espera a que el aceite esté bien caliente y se echa con cuidado para que la yema no se rompa. Se retira con una espumadera o rasera cuando la yema se cubre de una fina película o capa.

Los huevos revueltos o "pericos" son otra delicia con la que comenzar el día. Se baten los huevos en un platillo y se le añade sal y pimienta. Se calienta el aceite y se echa, al gusto, picadas, cebolla, tomate, hongos, etc. Una vez sazonado se vierte el huevo batido y se remueve. Huevos al plato o al horno, pueden considerarse ya como un platillo completo, ya que suelen llevar más ingredientes como salsa de tomate, chícharos, rodajas de chorizo, hongos, etc. Se utilizan platillos de barro individuales en los que se pone la mantequilla o el aceite, luego el huevo y demás ingredientes y se dejan en el horno lento para que se terminen de hacer. Deliciosos. Pueden adornarse con espárragos o tiras de pimiento.

Por último las famosas *omelettes* o tortillas españolas, bien de papa, cebolla, calabacín, verduras o paisanas, berenjenas, atún, jamón y un largo etcétera, con las que confeccionar verdaderas tartas o pasteles.

Ibope *(der Johannisbrotbaum; carob tree)*
Fruto. Algarrobo.

Ichintal
Alimento. Verdura de forma redondeada, de piel dura y verde intenso, con pelillos o espinas. Se pela y se guisa.

Indio Viejo
Alimento. Procedimiento. Platillo típico centroamericano. Lleva masa de tortilla de maíz, tomates, cebollas, achiote, hierbabuena, carne de res, chiltomas, ajo, plátanos, sal, etcétera.

Infusión *(aufguss; infusion)*
Procedimiento. Bebida que se prepara al verter agua hirviendo sobre hierbas o plantas aromáticas como el té, la manzanilla, la menta, el poleo.

Ingrediente
Cada una de las sustancias que se utilizan para preparar una comida o una bebida.

Instantáneo
Que se hace enseguida o que se disuelve de inmediato.

Integral
Procedimiento. A la harina que no habiendo pasado por el cedazo o tamiz conserva parte del salvado. También a los alimentos que se fabrican con ella, como el pan.

Itacate *(die Provision; provision)*
Procedimiento. En México provisiones de comida que se llevan a un viaje. *Lunch.*

Intoxicación
Trastorno provocado por comer beber o respirar una sustancia tóxica o en mal estado.

Humitas

Huitlacoche

Ingredientes

Huevos duros con tomate

Jj

Jaiba *(der Meerkrebs; crab)*
Alimento. Marisco. Cangrejo de mar.

Jalea *(Gelee; jelly)*
Procedimiento. Conserva dulce similar a la gelatina y que se elabora con frutas y azúcar. La jalea real es la sustancia que segregan las abejas para alimentar a la abeja reina. Es un excelente portador de vitaminas.

Jamoncillo de leche
Procedimiento. Postre que consta de leche, rajas de canela, azúcar y obleas que se sirve frío.

Jarra
Recipiente ancho con un asa que sirve para contener y servir bebidas.

Jataca *(cup made from a coconut shell)*
Utensilio. Cazo hecho con medio coco y un palo.

Jamón *(das Schinken; cured ham)*
Alimento. Carne curada de los cuartos traseros del cerdo.

Jamón cocido
Alimento. También denominado jamón de York o jamón dulce. En Galicia recibe el nombre de lacón.

Jayao
Alimento. Pescado. Típico de Cuba y Antillas, de carne muy sabrosa.

Jengibre *(der Ingwer; ginger)*
Alimento. Condimento. Proviene de una raíz rastrera, deforme, nudosa y de color pardo. Tiene un aroma con nota fresca a madera. Su sabor es picante y ligeramente amargo. Puede utilizarse tanto fresco como seco y acompaña a numerosos platos. Hay también jengibre cristalizado, té y vino de jengibre, aceites y panes. Estimula la circulación, se usa mucho en la cocina china. Se denomina "excitante de todos los sentidos".

Jericaya
Alimento. Postre típico de México elaborado con leche, huevos, azúcar y canela, horneado en baño María. Chiricaya.

Jícama *(edible tuber)*
Alimento. Hortaliza parecida a la zanahoria, de color blanco. Se come cruda o secada y tiene carácter dulce y agradable.

Jícara *(der Glatzkopf [Trinkgefäss aus der frucht des Kürbisbaums]; calabas)*
Utensilio. Plato hondo de calabaza vacía, utilizado como recipiente

Jengibre

Jericaya

Jamón

Jícama

Jícara

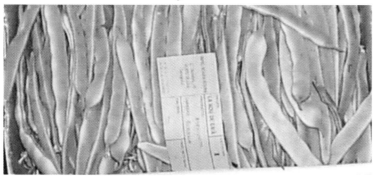

Judías verdes, chauchas

Judías blancas

en el que servir la sopa, como el pozole o el pozol.

Jijona
Turrón blanco elaborado con almendras, azúcar y miel típico del levante español.

Jitomate *(die Tomate; tomato)*
Alimento. Verdura. En México se denomina así al tomate rojo.

Jobs
Alimento. Pan, en Marruecos. La jobza es un pan redondo de trigo fino que se sirve caliente y tierno. Jobsza.

Jora *(ein Maisbranntwein; Maite specially prepared for making high-grade chicha)*
Alimento. Bebida alcohólica fermentada que se obtiene a partir del maíz germinado.

Judía *(been)*
Alimento. Verdura. Vaina plana o redondeada, terminada en punta, comestible, en cuyo interior hay semillas tiernas. Habichuela verde. Vaina. Chaucha.

Jugo
Procedimiento. Alimento. Zumo obtenido al exprimir toda clase de frutas como la naranja, la sandía, el melón, la manzana, etc. También puede salir de la carne o del pescado.

Jueyes *(der Krebs; crab)*
Alimento. Marisco. Cangrejo de mar.

Juliana
Procedimiento. Forma de cortar las verduras muy finas para hacer una sopa que lleva el mismo nombre.

Kk

Kk

Kefir
Bebida fermentada, preparada a base de cabra, vaca u oveja. Sinónimo de yogur. Típica de Afganistán.

Kebab
Significa "carne a la parrilla" en persa. Normalmente se hace con cordero y ternera, también el pollo y el pescado puedenser empleados en algunos estilos.

Keroseno, querosén
El queroseno o querosén es un líquido transparente (o con ligera coloración amarillenta) obtenido por destilación del petróleo. En cocina se usó como combustible.

Kilogramo
Unidad principal de masa. Equivale a 1,000 g, a 2.1 libras y a 34.32 onzas.

Kirch *(der Kirsch; kirch)*
Bebida. Aguardiente de cereza fermentada con sus huesos o semillas, típico de Alemania y Suiza.

Kiwi *(die Kiwi; kiwi)*
Alimento. Fruto. Procede de Oceanía. De forma redondeada como el limón, es de color marrón y con una pulpa verdosa y carnosa, con semillas pequeñas, de sabor dulce con ligero toque ácido.

Ketchup

Tomate verde

Ll

Lácteo *(das milch; lacteous)*
Alimento. Proviene de todo aquello que se fabrica con leche, como el queso o yogur.

Lagar *(die Welter; winepress)*
Procedimiento. Vitivinicultura. Lugar donde se realiza el estrujado o prensado de la uva.

Lahuhua
Alimento. Es un tipo de pan redondo, típico de Israel.

Lamprea *(das Neunauge; lamprey)*
Alimento. Pescado. Pez marino o de río, de cuerpo cilíndrico, cuya carne es muy apreciada.

Langosta marina
Alimento. Marisco. Crustáceo marino de forma alargada y cabeza grande, con antenas y patas que terminan en pinzas. Muy apreciada.

Lasaña *(die lasagne; lasagne)*
Alimento. Pasta. Plato típico italiano formado por láminas o capas de pasta, intercaladas con capas de carne y verduras, salsa de tomate y queso. Después horneado y servido caliente, puede servirse con bechamel (ver *besamel*).

Laurel *(der Lorbeer; laurel)*
Condimento. Especia. Hoja de árbol perenne y de color verde intenso que se utiliza como condimento en la cocina mexicana.

Lechosa *(die Papaya; papaya)*
Alimento. Fruta. Papaya. Es un fruto tropical rico en vitamina C y carotenos. También papaína, excelente digestivo, es ligera y muy nutritiva. Ese nombre se utiliza sobre todo en Venezuela.

Lenteja *(die Linse; lentil)*
Alimento. Gramínea. Semilla comestible procedente de la planta del mismo nombre, de tamaño pequeño, color marrón pardo y de forma aplanada y circular. Muy nutritiva y con altos valores en hierro. Gandules. Con ellas se preparan tanto potajes como ensaladas frías.

Levadura *(die Hefe; leaven)*
Química. Hongos microscópicos, unicelulares, de forma ovoidea, que están unidos entre sí por cadenas, que producen enzimas capaces de desdoblar los azúcares de la harina en cuerpos más sencillos

Langosta

Laurel

Lentejas

105

Lechosa, papaya

Levadura de cerveza

Licuadora

Lima

como el ácido carbónico y alcohol. Son las burbujas que producen este ácido las que elevan la masa, produciendo porosidad. Cualquier masa constituida con levadura hará fermentar a otras masas. Ingrediente fundamental para la elaboración de la cerveza.

Lías
Procedimiento. Vitivinicultura. Sustancias sólidas depositadas por decantación en el fondo de las cubas. Por lo general, restos de levaduras.

Libra *(das Pfund; pound)*
Unidad. Antigua medida de peso, vigente en los países anglófilos como Estados Unidos, Panamá y Puerto Rico. En España equivale a 460 g. En Reino Unido es ligeramente diferente. Así, cuando hablamos de medio kilo, es aproximadamente una libra. Un kilo tiene 34.72 onzas y 100 g equivalen a 3.47 onzas.

Libreta *(ein Pfundbrot; one-pound oaf)*
Procedimiento. Alimento. Pan equivalente a una libra.

Licuadora *(der Entsafter; blender)*
Utensilio. Electrodoméstico que mezcla la pulpa de cualquier fruta u hortaliza y el agua, con él también se preparan batidos.

Limón (die Zitrone; lemon)
Alimento. Fruto. De forma ovalada y color amarillento o verde, tiene una pulpa jugosa y ácida. Cítrico oriundo de Persia y Mesopotamia. Se consume desde tiempos ancestrales para combatir el escorbuto, que eliminaba o mataba a los tripulantes de los navíos por la escasez de alimentos frescos. Es un gran componente en la cocina y en la preparación de bebidas. Lima.

Loco *(eine Meeresfrüchte; shellfish)*
Alimento. Marisco. Molusco comestible de Chile.

Locro *(regional verschiedenes Maisgericht; meta and vegetable stew)*
Procedimiento. Alimento. Platillo guisado de carne, con papas, maíz, ajos, leche, cebolla, manteca y pimiento al gusto, es un plato típico de Ecuador.

Loroco
Alimento. Vegetal. Planta aromática de la que sólo se utiliza la flor y que condimenta numerosos platillos.

Lubina *(der Wolfsbarsch; sea-bass)*
Alimento. Pescado. De tamaño mediano es el más fino de los pescados del Mediterráneo. Se cocina de numerosas maneras, pero a la sal y al horno es la más común. De dorso plateado y lomo blanco, tiene la cabeza grande y los dientes pequeños. En otros lugares lo confunden con el róbalo, por su forma y sabor.

Lúcuma *(a pear-shaped fruit)*
Alimento. Fruta. Fruta de la región

andina, utilizada en ritos incaicos. Su sabor es "de madera dura".

Luk-luk

Alimento. Procedimiento. Platillo típico de pescado cocido en agua con yuca y bananos verdes. Puede cocerse también con leche de coco, en lugar de agua. Si el pescado cocido es un guapote, entonces se le denomina Mahs-mah.

Lulo

Alimento. Fruto. Planta de fruto tropical de Colombia y Ecuador, con hojas velludas, flores lilas y color anaranjado, de tres a ocho centímetros y estructura parecida al tomate. Tiene un sabor ácido y pulpa verdosa, se usa como jugo y bebida refrescante. Naranjilla. Tomate chileno. También común en Perú.

Lechugas

Pastel de lúcuma

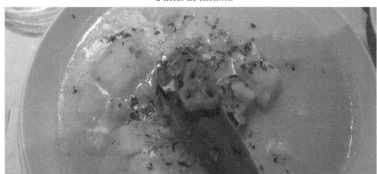

Locro de papa

Limones

Maíz pardo

Mm

Mm

Macarrón *(die Makkaroni; macaroni)*
Alimento. Pasta. Hecho de harina, tiene forma cilíndrica, como un canuto corto. De origen italiano, se sirve horneado con queso o salsas de tomate. *Penne.*

Macedonia *(das Macedonien; frut salad)*
Procedimiento. Fruta. Mezcla de muchas frutas cortadas y bañadas en almíbar, vino o simplemente el jugo de la fruta.

Maceración *(einlegen; softening)*
Procedimiento. Vitivinicultura. Proceso que se hace, sobre todo, en la elaboración de los vinos, donde se pone en contacto el mosto con su hollejo para obtener el color y cualidades adecuadas.

Machacar *(zerstossen; to nag)*
Procedimiento. Golpear los alimentos con una maza para deformarlos, aplastarlos o triturarlos. Machacar los ajos. Majar.

Machas *(eine Meeresfrüchte; shellfish)*
Alimento. Marisco. Molusco comestible típico de Chile. Muy parecido a la lapa.

Macis *(Die Muskatblüte; mace)*
Especia. Condimento. Se obtiene a partir de una prolongación carnosa de la nuez moscada.

Madalenas *(die Madeleines)*
Alimento. Pastas y repostería. En realidad, magdalena. Magdalena.

Madroño
Alimento. Fruto. De forma redonda, rugosa, de 2 a 3 cm de diámetro y sabor dulzón. Comestible y apreciado, aunque raro.

Maduro *(die Backbanane; Banane)*
Alimento. Fruto. Tipo de plátano que se usa para cocinar. En México se le conoce como plátano macho.

Magdalena *(die Madeleines)*
Alimento. Repostería. Pasta típica hecha con harina, azúcar, huevos, leche, aceite y levadura.

Maguey *(die Agave Kaktus, agave)*
Alimento. Bebida. Planta de tipo carnoso, hojas duras y terminadas en punta. De este cactus se extrae el famoso tequila mexicano. También el mezcal. Agave.

Munchines de yuca

Macedonia

Madalenas

Mm

Maduro

Maíz

Maíz azul

Maíz blanco

Maicena *(das stärkemehl, Maicena; cornflower)*
Alimento. Fécula de maíz. Grano de maíz reducido a harina y desengrasado.

Maíz *(Corn)*
Alimento. Gramínea de flores en panoja con cuyas semillas se preparan diversos alimentos y bebidas. Elemento fundamental de la dieta americana. Elote, choclo. Ver milpa.

Majar *(einlegen; to mash)*
Procedimiento. Machacar en un mortero o molcajete cualquier condimento hasta hacerlo muy fino (ajos, perejil, etcétera).

Malanga *(eine Kartoffel; tuber resembling a sweet potato)*
Alimento. Tubérculo parecido a la patata. Papa de piel marrón oscuro.

Málico
Química. Vitivinicultura. Ácido que se encuentra en el mosto y en ocasiones forma parte del vino. Es atacado por bacterias que lo trasformarán en ácido láctico. Esto se denomina fermentación maloláctica del vino.

Mamey
Alimento. Fruto. Fruta tropical, de pulpa dulce, suave y carnosa. Debe comerse cruda y es rica en vitamina A y azúcar. También bebida en jugo.

Manchamantel
Platillo típico mexicano cuyos ingredientes son: carne de cerdo troceada, chiles anchos, mulatos, pasilla y chipotles, canela, orégano, azúcar, pimienta, ajo, pera y plátano macho.

Mandarina *(Mandarin; Mandarine)*
Fruto. De la familia de las naranjas. Es más pequeña, su cáscara también es de color naranja que se pela con facilidad, con la mano, quedando los gajos de sabor muy dulce.

Mandioca *(Kasave, die Tapioca; tapioca)*
Alimento. Tubérculo. Yuca. Tapioca.

Mango *(die Mangofrucht; mango)*
Alimento. Fruta dulce y de pulpa deliciosa, rica en carotenos y vitamina C. Posee muchas calorías.

Manhattan *(Manhattan)*
Bebida. Cóctel. Típicamente neoyorkino, compuesto por *bourbon* o *whisky* americano, vermut dulce, angostura, piel de naranja y mucho hielo.

Maní *(Maní, die Erdnüsse; peanut)*
Alimento. Cacahuate. Suele tostarse para que su sabor mejore.

Manojo *(die Handvoll; handful)*
Unidad. El conjunto de alimentos generalmente alargados, que se pueden agarrar con una mano. Por ejemplo, ramitas de especias como el perejil o casi toda clase de verduras.

Manzana *(der Apfel; apple)*
Alimento. Fruto de forma redondeada y piel fina, de tonos verdes, amarillos o rojos. De pulpa granulosa, sabor generalmente dulce y semillas negras en el centro. De su jugo se elabora la sidra.

Marañón *(die cashewnus; cashew)*
Alimento. Fruto. Procede de Brasil, de fruto comestible y pulpa carnosa. Color rojo amarillo, alargado y con pedúnculo. Sabor ácido y astringente. Rico en vitamina C, calcio, fósforo, potasio, hierro. Lo más apreciado del marañón es la nuez, que debe tostarse para comer. Merey. Alcayoiba. Caujil. Anacardo.

Margarina *(die Margarina; margarine)*
Alimento. Sustancia sólida y grasa que se obtiene de los aceites vegetales. Parecida a la mantequilla y con usos parecidos, aunque de inferior calidad.

Margarita
Bebida. Cóctel. Elaborado con tequila blanco, jugo de limón, Cointreau o licor similar y hielo. Puede adornarse con sal.

Marinar *(Marinar, marinieren; to marinade)*
Procedimiento. Sumergir los alimentos en una mezcla líquida sazonada, durante varias horas para ablandarlos, condimentarlos o darles sabor. Se suele marinar con limón, aceite, sal, pimienta, vinagre, ajo, etcétera.

Marraqueta
Alimento. Pan. Típico panecillo chileno formado por dos bollos "adosados" o juntos.

Masa madre *(der Teig; mass)*
Procedimiento. Es la forma de fermentación más tradicional y única para hacer un buen pan. Cuando el panadero artesanal hace su pan, deja una décima parte de la masa fermentada y la conserva. Esa parte de masa servirá para hacer fermentar la nueva masa, que a su vez servirá para formar otra nueva masa madre. Se venden productos preparados para hacer la primera masa madre.

Matambre *(cold meta brown)*
Alimento. Platillo que consta de la parte de la vaca, res o buey, situada en la falda y abierta en forma de filete que posteriormente se rellena y se enrolla.

Mate *(der Mate; maté)*
Utensilio. Calabaza vacía a la que se le ha quitado la pulpa carnosa y se utiliza como recipiente, para guardar líquidos. En Argentina, Uruguay y Chile se utiliza la matera para beber unas hierbas amargas en infusión utilizando la bombilla. Alimento. Planta de infusión que se obtiene a través de la yerba mate, oriunda del Cono Sur.

Mayonesa *(Mayonnaise; Majonäse)*
Procedimiento. Salsa. Se hace con huevo y aceite batido. También mahonesa.

Maíz, gramineas

Mamey

Mango

Materas

Mm

Manzanas

Margarita

Marisco

Masa

Mazamorra morada
Fruto. Postre. Típico de Perú. Elaborado a base de maíz y fécula.

Mazapán *(Marzipan; Marzipan)*
Procedimiento. Pasta dulce hecha con almendras trituradas y azúcar. Típico de Navidad.

Mejillón *(die Miesmusckel; mussel)*
Alimento. Molusco. Marisco bivalvo de tono oscuro de concha alargada que se adosa a la roca. Su carne es blanca o rojiza. Almeja. Molusco. Choro. Molton.

Mejorana *(Mayoran; sweet Marjoran)*
Alimento. Especia. Hojas verdes que se utilizan junto a la menta en el té. Se utiliza también como infusión para el resfriado.

Mejorantes
Química. También mejoradores. Sustancias que se añaden al pan o a otros alimentos y bebidas para conservar, acelerar, mejorar su aspecto, etc., y que se agrupan en: oxidorreductores, correctores de degradación, emulgentes reguladores del pH, enzimas y gasificantes.

Melcocha *(die Melasse; molasses toffee)*
Alimento. Pastelillo. Pasta de dulce, viscosa, blanda y correosa.

Melocotón *(der Pfirsich; peach)*
Alimento. Fruto. (Ver durazno).

Melón *(die Melone; melon)*
Alimento. Fruto. De forma ovalada como una pelota de *rugby* es de piel dura, color amarillo o verde, pulpa o carne grande con numerosas pepas en el centro. Es dulce cuando está maduro. Hay melones amarillos y de forma esférica.

Membrillo *(die Quitte; quince)*
Alimento. Fruta. De la familia de la manzana pero más grande, aromático y muy astringente o áspero. Confitado es un excelente postre. Ate.

Memelas *(der dicker Maisfladen; fried tortillas filled with honey)*
Alimento. Pan. Tortillas planas gruesas y redondas, hechas de harina de maíz, huevo, azúcar y leche, a las que se añade posteriormente miel y requesón. Son típicas de Jalisco, en México.

Mendrugo *(das trockenes Brot; crust)*
Alimento. Sinónimo de trozo de pan duro.

Menestra *(Vegetable Soup; Gemüseeintopf)*
Procedimiento. Plato que se elabora con verduras y hortalizas cocidas.

Menta *(die Minze; mint)*
Condimento. Planta de hojas verdes muy aromática. Se usa en la elaboración de caramelos, licores, dulces, helados, etcétera.

Menudo *(die Kütteln; goblets)*
Alimento. Vísceras. Normalmente de vaca o de cerdo. Menudencias.

Mm

Meocuil

Gusano u oruga que se cría en las pencas del maguey. Gusano típico del maguey.

Merluza *(der Seehecht; hake)*
Alimento. Pescado. Pez marino de forma alargada con una primera aleta dorsal corta y una segunda más alargada. De apreciada y fina carne.

Mermelada *(die Mermelada; jam)*
Procedimiento. Alimento. Forma de confitar y conservar las frutas con azúcar. Procedente de Oriente Medio, donde se importaban estos productos de frutas exóticas y desconocidas, confitadas mediante la cocción de esas frutas trituradas, agua y caña de azúcar.

Mero *(der Zackenbarsch; grouper)*
Alimento. Pescado. De tamaño medio, de color amarillento oscuro, cabeza grande y numerosos y afilados dientes. Su carne es muy apreciada.

Metate *(flat stone for grinding)*
Utensilio. Especie de mesa de piedra volcánica e inclinada con tres patas y un rodillo independiente también de piedra *(metlapilli)* en el que antiguamente se molían los chiles. Hoy en día, se utiliza también para triturar el mole, el café, la calabaza y el famoso cacao con el que hacen el chocolate.

Mezcal *(der Magueyschnaps; ezcal)*
Bebida. Aguardiente obtenido a partir de la destilaciónde las fibras del cactus denominado maguey.

Miel *(der Honig; honey)*
Alimento. Sustancia espesa, viscosa y muy dulce que elaboran las abejas a partir del néctar de las flores. Es rápidamente absorbida por el flujo sanguíneo produciendo sus efectos de forma inmediata. Utilizada como sustituto del azúcar. También en la farmacopea doméstica.

Migas *(Die Krümmel; fried breadcrumbs)*
Procedimiento. Alimento. Platillo típico de zonas altas o comida de pastores con la base de pan rehogado con trozos de tocino o panceta, aceite y uvas. Se le pueden añadir otros componentes, como ajos, pimentón, chorizo, etcétera.

Mijmar
Utensilio. Parrilla cuadrada que se utiliza para los pinchos morunos o brochetas.

Mijo *(der Perlhirse; millet)*
Alimento. Cereal de grano fino, como la sémola, muy resistente a las plagas y al calor, que se cultiva en zonas desérticas. Es la base del cuscús o *cous cous* árabe.

Milpa *(das Maisfeld; maize field)*
Campo de maíz o maizal. Término náhuatl. Sembrado de maíz. Para cada estado del grano hay una designación. *Tolli* equivale a granos de maíz. *Cinte* a la mazorca de gra-

Mezcal

Mayonesa

Mazorca, elote, choclo

Melocotón

113

Mm

Melón

Merluza

Mesa

Metate

nos secos. Elote, mazorca de granos frescos pero hechos, y jilote a la mazorca de granos tiernos. (Ver maíz).

Miltoma *(die Paprikaschote; páprika)*
Alimento. Verdura. Pimiento.

Mistela
Bebida. Vitivinicultura. Vino básico muy dulce obtenido mediante la adición de alcohol vinícola al mosto sin fermentar.

Mofongo
Procedimiento. Platillo típico de Puerto Rico con una base de plátano macerado con ajo y chicharrón y al que se le ponen encima camarones, verduras, carne, etc. Va acompañado de verduras o ensalada alrededor.

Mojarra
Alimento. Pez marino y comestible de las costas del océano Pacífico. Parecido al pargo. Es de inferior calidad al huachinango.

Mojito *(der Mojito; mojito)*
Bebida. Cóctel. Típicamente cubano se prepara con ron blanco, jugo de limón, hielo picado, azúcar *glass* y hojas de hierbabuena y menta.

Molcajete *(der Mörtel; mortar)*
Utensilio. Recipiente o mortero de piedra volcánica y con tres patas o puntos de apoyo, donde se pican los ingredientes como ajos, perejil, almendras, avellanas, tomates, etc.

También para ciertas salsas con jitomate, chiles, etcétera.

Molde
Utensilio. Recipiente hueco de diversos materiales en el que se vierte una sustancia líquida o blanda para que al enfriarse adquiera su forma, de manera sólida o semisólida.

Mole *(ein Fleischgericht; black chili sauce)*
Alimento. Salsa. Mezcla de chiles con chocolate típica de Puebla, Oaxaca y otros estados mexicanos, que acompaña al pollo o al guajolote o pavo.

Molinillo de chocolate *(die Handmühle; hand mill)*
Curioso batidor de madera labrado a mano en cuya cabeza hay hendiduras y anillas móviles que evitan los grumos del chocolate al removerlo.

Molleta *(das Brötchen; muffin)*
Alimento. Pan. Sinónimo de barra de pan pequeña o panecillo utilizado en Andalucía. También denominado mollete.

Molleja *(Gizzard; Kaumagen)*
Anatomía. Estómago de algunas aves que les sirve para ablandar o triturar alimentos. Es comestible.

Molo
Platillo ecuatoriano elaborado con papas cholas, cebolla, manteca, leche, queso, huevo duro, sal, pimienta y achiote, adornado con lechuga picada.

Molusco *(die Miesmussel; mussel)* *(Ver mejillón).*
En Chile se denomina o conoce como choro.

Mondar
Quitar la piel o cáscara de frutas u hortalizas. Sinónimo de pelar.

Mondadientes
Utensilio. Palillo normalmente de madera que se usa para limpiar los restos de comida que puedan quedar entre los dientes. También se usa para pinchar algunos alimentos.

Mondongo *(die Kutteln; tripe)*
Alimento. Carne de menudo de res, panza. También tripas de cerdo, en especial los callos.

Montar
Procedimiento. Batir con energía claras de huevo o cremas hasta que "suben".

Morocho *(der weiss Mais; hard maize)*
Alimento. Gramínea. Maíz blanco.

Mortadela *(die Mortadella; mortadella)*
Alimento. Embutido de forma cilíndrica y de más de 10 cm de diámetro, típico de Italia.

Moscatel *(der muscateller; muscatel)*
Bebida. Vitivinicultura. Vino dulce obtenido a partir de las uvas del mismo nombre.

Mortero *(der Mörser; mortar)*
Utensilio. Recipiente normalmente de cerámica que se utiliza para majar o desmenuzar. También para elaborar salsas como la mayonesa. Sinónimo de almirez. Molcajete.

Mostaza *(der Senf; mustard)*
Condimento. Proviene de una planta que produce vainas lisas y en cuyo interior están las semillas. Su sabor es amargo, aunque picante y aromático. Las semillas blancas de Europa y Norteamérica se utilizan como conservador. Las castañas, procedentes de la India, y la semilla negra, oriunda del sur de Europa, se usan como condimento. Son especias de sabor y poco aromáticas. La mostaza se puede combinar y presenta dos aspectos: el fino o en polvo y el granulado. La mostaza de Dijón, la alemana, la de Burdeos, la de Beaujolauis, etc. Ciertos vinos adquieren ese aroma, como el champán, etc., son diversas especialidades dentro de este mismo condimento.

Mosto *(der Most; unfermented grape fruit)*
Alimento. Vitivinicultura. Bebida sin alcohol, dulzona, hecha con jugo o zumo de uva. Es un excelente sustituto de los refrescantes sintéticos y nocivos.

Manteca

Mondongo o callos

Mojarra

Molcajete

Mole

Mole. Alimento. Pasta. Según el periodista mexicano Daniel Dueñas, el mole es un producto eminentemente mestizo, tanto por la manera de elaborarse, por las especias mexicanas, como por las costumbres que impuso la colonia. La palabra "mole" equivale a "triturar, desmenuzar", todo reducido a un polvo con el que formar una pasta en la que hay almendra, ajonjolí, chile, chocolate. Es decir, una combinación ideal de lo dulce, lo salado y lo picante.

Cuentan que en el convento de Santa Rosa, allá por 1690, todos andaban nerviosos por la llegada del obispo Fernández de Santa Cruz y Sahagún. Sor Andrea, que era la hermana encargada de hacer el menú, cometió un "error", aquél maravilloso de verter por accidente el cacao en la olla de los chiles con guajolote. Sin que hubiese tiempo de rehacer otra comida se la sirvió al importante prelado, al que le gustó tanto el "invento" que inmortalizó para siempre una de las salsas más famosas.

Otra versión parecida nos habla de Juan de Palafox, virrey de Nueva España y arzobispo de Puebla, quien visitara el convento. En esta ocasión fue fray Pascual el cocinero "torpe" quien, ante las prisas, mezcló por accidente los ingredientes.

Por eso dicen muchas cocineras cuando están nerviosas o angustiadas "San Pascual Bailón, atízame el fogón". Lo cierto es que, elaborado o por casualidad, los moles de Puebla, Oaxaca, el del Valle de México o el del Altiplano gozan de excelente salud y merecida fama.

Nn

Nabo (*die Weibe Rübe; turnip)*
Alimento. Tubérculo de forma rugosa y disforme, de color blanco, comestible y rico en almidón. Utilizado para la elaboración de caldos y todo tipo de platillos típicos.

Nacatamal (*die gefüllte Maispastete; meat and rice wrapped in banana leaf)*
Alimento. Procedimiento. Tamal nicaragüense, relleno con carne de cerdo. Viene de *nacatl-tamalli*, tamal de carne. Masa de maíz con *achiotl*, *chili*, *chiltoma* y jitomate. Se añade naranja agria, cebolla. La masa se envuelve en hojas de plátano y se atan o ligan con un cordel para que no se deshaga. Se hierve a fuego vivo por espacio de tres horas.

Naranja (*die Orange; orange)*
Alimento. Fruto. Cítrico. De corteza rugosa y pulpa dividida en gajos, tiene un sabor dulce con tintes de acidez. Su color es muy característico, entre el rojo y el amarillo. Con ella se elaboran excelentes jugos y bebidas refrescantes. Rica en vitamina C.

Natilla (*die Cremespeise; custard)*
Alimento. Postre. Hecho con leche, vainilla, azúcar, huevo y levadura.

Muy parecido al flan o pudín pero más licuado. Crema catalana, si se le quema con azúcar por encima.

Nature
Se dice del Cava o champán que apenas contiene azúcar o licor de expedición.

Níspero (*Frucht der Wollmispel; níspola)*
Alimento. Fruto. De piel pilosa y dulce pulpa con semillas grandes. Color anaranjado y forma ovalada.

Nopales (*der Feigenkaktus; prickly pear)*
Alimento. Verdura. Planta mexicana, de la familia de las cactáceas o cactus. Sus pencas u hojas son carnosas y están llenas de agua, vitaminas y sales. Una vez limpios y cortados en tiras, constituyen una refrescante materia de ensalada.

Nuevo (*neu Wein; new wine)*
Bebida. Vitivinicultura. Vino joven, del mismo año de cosecha. Los vinos acabados de hacer y que no serán consumidos en ese mismo año, sino que pueden mejorar. Ese término es diferente al de "vino joven" que no mejorará, por mucho que se guarde.

Nabos

Naranja

Naranjada

Nature brut

Navajas

Nopales

Nueces

Nuez *(der Wallnuss; nut)*
Alimento. Fruto del nogal. De cáscara dura, hay que romperla con algo contundente (un martillo) para obtener la almendra. Su tamaño es inferior a un limón. De alto nivel nutritivo. Su árbol es el nogal.

Nuez moscada *(Muskat; nutmeg)*
Alimento. Especia. Es el fruto de un árbol que puede alcanzar hasta los 10 metros de altura. Se debe pelar el fruto, sacar la semilla y romper la cáscara donde se encuentra la especia. Esta cáscara está rodeada de un fino envoltorio denominado macis, que tiene mejor sabor y aroma que el propio de la semilla.

Nutrición *(die Ernährung; nutrition)*
Es el proceso complejo que implica la ingestión de los alimentos y que permite alimentarnos para seguir viviendo. La nutrición debe ser equilibrada y variada, para que con ella dotemos al organismo de los elementos necesarios para la supervivencia; es decir, hidratos de carbono, proteínas y lípidos, además de vitaminas y oligoelementos.

Nuez moscada

Nutrientes

Conjunto de elementos químicos que se encuentran en los alimentos y que son necesarios e imprescindibles para nuestro organismo. Entre los más importantes tenemos las proteínas, los carbohidratos o hidratos de carbono, las grasas o lípidos y el agua. También las vitaminas A, B, C, D, E y K y los minerales, como el hierro, el sodio, el potasio, el magnesio, el cloro, el fósforo, el calcio, el flúor y el yodo.

Las proteínas son compuestos químicos que contienen el nitrógeno N, un elemento indispensable para las células vivas. Estas sustancias químicas se agrupan en formas más complejas que denominaremos aminoácidos. Para tener una idea, nuestro cuerpo precisa de al menos 25 tipos diferentes de estas sustancias, de las cuales unas las fabricará nuestro propio organismo, pero otras, una tercera parte, las debemos ingerir en forma de alimentos. Gracias a las proteínas se forman los tejidos, la piel, los músculos, el cabello, la sangre. También previenen las enfermedades, haciéndonos

fuertes y resistentes a ellas. Las proteínas pueden ser de origen animal y de origen vegetal. Las primeras se encuentran en la carne, en la leche y derivados lácteos, en los huevos, en los mariscos y pescados, en los insectos y caracoles. Las de origen vegetal, en los cereales (arroz, centeno, maíz, trigo, avena), en las leguminosas (garbanzos, habas, lentejas, frijoles, cacahuates) y en los vegetales de hojas verde-oscuro.

Los carbohidratos están compuestos por carbono, C, hidrógeno, H, y oxígeno, O, y se encuentran en los almidones y azúcares. Constituyen la principal fuente de energía y de calor en nuestro cuerpo. Por cada gramo de carbohidratos que nuestro cuerpo absorbe, nos proporciona cuatro unidades de energía, que se llaman calorías. Nuestro cuerpo transforma los carbohidratos en azúcares que pasan a la sangre y proporcionan esa energía rápida.

También se almacenan en los músculos y en el hígado en forma de almidón animal o glucógeno, que se transformará en azúcar y proporcionará energía y calor. El exceso de carbohidratos hace que se almacene bajo la piel en forma de grasa y produzca la obesidad. El exceso de grasa hace trabajar más el corazón y otros órganos vitales, poniéndolos en riesgo. Los hidratos de carbono o carbohidratos los encontramos en los tubérculos o raíces (papa, camote, yuca), en los cereales (arroz, maíz, trigo, avena, cebada, centeno), y en los azúcares (miel, caña, frutas, etcétera).

Las grasas son compuestos químicos que contienen también carbono, hidrógeno y oxígeno. Son fuentes de energía, el doble que los carbohidratos, aunque esa energía se produzca y transforme de manera más lenta. Las grasas protegen los órganos internos y regulan la temperatura de nuestro cuerpo. Su abuso puede acarrear enfermedades degenerativas y son más aconsejables las grasas vegetales que las animales. Las grasas o lípidos tienen un origen animal y otro vegetal. Entre los primeros, la carne de cerdo, el hígado, la manteca y la mantequilla. Entre los segundos, el aceite de coco, el de olivo, el de cacahuate, la manteca vegetal, la margarina, la nuez, las semillas y sus aceites (ajonjolí, mostaza).

El agua es el elemento de más presencia en los alimentos. La bebemos en líquido, en el café, en los caldos, en las frutas, en las infusiones, en las sopas, en las verduras, en las hortalizas, en los jugos. Nuestro cuerpo está compuesto por 80% de agua.

Los minerales forman parte esencial de los nutrientes. Así, el hierro se encuentra en la carne, en cereales, en las vísceras, en la yema del huevo y en los vegetales de color verde oscuro. Gracias al hierro la sangre es de color rojo y favorece que la hemoglobina, parte esencial de la sangre, lleve el oxígeno a todas las células de nuestro cuerpo.

El cloro y el sodio se encuentran en la sal que tomamos. Nos ayudan a la alimentación de las células. El flúor, en el agua que bebemos, nos permite la conservación de la dentadura.

El yodo está en el pescado, mariscos, rábanos, sal yodada. El yodo, que regula la glándula tiroides, nos ayuda en el metabolismo y el crecimiento. Su escasez provoca el bocio o hinchazón de la mencionada glándula.

El calcio y fósforo se encuentran en los cereales, leche y sus derivados, en el tuétano o médula ósea. Nos ayudan a fortalecer los huesos y el sistema nervioso.

El magnesio previene el cáncer y el raquitismo. Se encuentra en los mismos ingredientes que el calcio. Todos estos componentes variados nos ayudarán a tener una dieta adecuada.

Comer en exceso grasas, productos animales, tomar mucha sal o azúcar, junto con el tabaco, el alcohol, el sedentarismo, nos predispone a las enfermedades como la gota, el cáncer de colon, de recto, la hipertensión, la arteriosclerosis, el estreñimiento, las hemorroides, la cirrosis hepática, el ataque cardiaco, la flebitis, las varices y un largo etcétera que configuran el cuadro de las enfermedades actuales. Así pues una dieta adecuada y equilibrada nos ayudará a vivir más y mejor.

Debemos evitar el abuso de sal, azúcar refinado y las grasas. Comer pocos huevos, en especial las yemas y no abusar de las carnes rojas. Son preferibles las aves y pescados, e introducir en la dieta cereales y leguminosas. También ingerir abundantes frutas y verduras frescas. Beber abundante agua y evitar los alimentos industrializados o preparados con conservantes y envasados. Son más caros y peores. Debemos decir "no" al *fast food*.

Ññ

Ñame *(die Jamswurzel; yam)*
Alimento. Tubérculo. Similar a la papa. Sinónimo de casabe o yuca. Debe cocerse para que sea comestible. Se utiliza para elaborar la tortilla colombiana y como acompañamiento de numerosos platos. También las arepas venezolanas.

Ñoqui *(Gnocchi)*
Alimento. Pasta hecha con harina de trigo, papa, huevos, leche, mantequilla y queso rallado. Tiene forma de bolitas que se hierven en agua y sal. Se puede acompañar con todo tipo de salsas y queso rallado, igual que la pasta.

Ñora *(die kleine scharfe Pfefferschote)*
Especia. Condimento. Pimiento deshiratado, picante, pequeño y redondeado. De tonos rojizos oscuros y marrones casi negros. Imprescindible para la elaboración de numerosas salsas, en especial, la salsa romesco. Con ella se comen los famosos *calçots* o cebolletas asadas, muy típicas del Mediterráneo.

Ñoquis

Ñame

Oo

Obrador *(die Werkstatt; workroom)*
Utensilio. Lugar donde se hace el pan y están los instrumentos necesarios para ello como las palas, tahona, horno, mezcladora, etcétera.

Odre
Utensilio. Recipiente de piel por lo general de cabra, que cosida y pegada, se utiliza para contener líquidos, como vino, aceite o agua.

Olivo *(der Olivenbaum; olive tree)*
Árbol longevo, de copa ancha y tronco grueso, retorcido y a menudo muy corto, de hojas estrechas y puntiagudas cuyo fruto es la oliva.

Oliva *(die olive; olive)*
Alimento. Fruto del olivo. De tamaño pequeño y ovalado, prensado se le extrae el aceite. Puede ser de color verde o negro, según esté verde o madura. Posee un hueso o semilla en su interior. Aceituna. Pueden conservarse en salmuera o rellenas de diversos productos.

Olla *(der Topf; pot)*
Utensilio. Recipiente cilíndrico de barro o metal que se utiliza para calentar agua u otros alimentos. Puede llevar asas y tapadera.

Onoto
Procedimiento. Colorante vegetal de tonos anaranjados.

Onza *(die Unze; ounce)*
Unidad. Equivale exactamente a 28.75 gramos. En el mundo occidental y globalizado, casi todo se mide en gramos.

Opilla
Alimento. Pan. Pan de trigo típico de Cantabria, España.

Orégano *(der Orégano; marjoram)*
Alimento. Especia. Hierba aromática de tallo velloso o peludo, hojas pequeñas y ovaladas y flores rosadas en forma de espiga.

Orejones
Alimento. Duraznos desecados y prensados, ricos en azúcar y de gran poder energético. Huesillos.

Orujo *(der Tresterschnaps; refuse of grapes alter pressing)*
Bebida. Vitivinicultura. Se dice del conjunto de residuos de la uva sin fermentar, compuesto por el hollejo, pepas o semillas, raspón, etcétera.

Oca (paté)

Olivas

Orujo

125

Ollas

Ostras

Olivo

Orégano

Por destilación de estos orujos se obtiene el aguardiente de orujo. Las semillas del aceite prensado. Líquido obtenido de esas semillas prensadas.

Ostión *(ostrión) (die Auster; large oyster)*
Alimento. Marisco. Sinónimo de ostra o almeja.

Ostra *(die Muscheln; oyster)*
Alimento. Marisco. Molusco marino de valvas desiguales que vive adherido a las rocas y constituye el marisco comestible más apreciado. Se pueden consumir cocinadas, pero sus poderes afrodisíacos se notan más si se come crudo.

Ovino *(die Schafe; ovine)*
Referente al ganado de ovejas. Animal cuyo cuerpo está cubierto de lana. Proporciona además buena carne y excelente leche de la que se fabrican ricos quesos.

Oxidación *(oxydieren; oxidation)*
Química. Vitivinicultura. Cuando los componentes químicos del vino reaccionan con el oxígeno atmosférico se producen ciertas alteraciones en éste, en ocasiones beneficiosas y otras veces desastrosas. En eso destaca que la oxidación sea voluntaria y controlada o involuntaria y perjudicial. También ocurre con otras frutas y verduras, como el aguacate, que en contacto con el oxígeno atmosférico se oxida, cambiando de color. Acción de oxidar. En ese caso deberemos echarle vinagre o limón, para evitar lo negruzco del óxido.

Pp

Pp

Pachocha
Alimento. Pan redondo típico de Andalucía, al que se le extrae la miga del centro, se le unta de aceite y vinagre, y se vuelve a colocar en su sitio.

Paella
Procedimiento. Plato típico con base de arroz junto a otros ingredientes de verduras, carnes, mariscos, etc. Proviene de la región levantina del Mediterráneo. La paella de Valencia es la más conocida. Puede ser de verduras, de pescado y mariscos o de carne. Es un plato cuyo origen es aprovechar sobrantes con arroz.

Paila *(große Pfanne; large pan)*
Utensilio. Especie de sartén panameña.

Pajarete (*ein Wein; wine***)**
Bebida. Vitivinicultura. Vino generoso, ligero y semi dulce de 16° que se produce en la zona de Málaga, España.

Palillo *(der Zahnstocher; toothpick)*
Utensilio. Palito de madera con ambos extremos terminados en punta que se usan para pinchar algunos alimentos o para extraer restos de comida que se quedan entre los dientes. Mondadientes.

Palmera *(die Palme; palm)*
Fruto. Árbol estirado y característico de zonas tropicales y mediterráneas, que da el fruto de los dátiles (palmera datilera, típica de África) o de los cocos (palmera cocotera típica de América).

Palmito *(die Zwergpalmel; palm heart)*
Fruto de la palma. Tallo joven de la palma, redondo, tierno y blanco, comestible. Se da en abundancia en Brasil. El palmito asado puede considerarse como un manjar de otra galaxia.

Palo cortado *(der Wermut; straight vermouth)*
Bebida. Vitivinicultura. Vino típico de Jerez de aroma amontillado y sabor oloroso. Tiene de 18° a 20°. Su nombre proviene de las anotaciones que con tiza o clarión realiza el capataz en la bota, para identificarlo.

Paella

Palmera

Paleta

Palomas

Panecillos

Patacones

Papaya

Paloma
Alimento. Bebida. Cóctel con crema de anís, agua con gas y hielo troceado. Existe una versión mexicana con tequila.

Palta *(die Avocado; avocado pear)*
Alimento. Fruto. Aguacate. Avocado.

Pambazo
Alimento. Pan típico de México y Ecuador, hecho con harina, agua y sal y que se rellena de mole o guiso.

Panceta *(der durchwchsener Speck; bacon)*
Alimento. Carne de tocino o chancho ahumado. Bacon.

Panela *(der Rohzucker; brown sugar)*
Alimento. Tabletas o conos de azúcar moreno prensado que se utilizan raspándolas o disolviéndolas en agua. Piloncillo.

Panqueque
Alimento. Repostería. Pastel dulce y bizcochado con otros ingredientes como pasas, café, chocolate. Pay. Panqué.

Papa *(Kartoffel; potato)*
Alimento. Tubérculo. Patata. Término utilizado en Canarias, Andalucía y Latinoamérica. (Ver patata).

Papaya *(die Papaya; papaya)*
Alimento. Fruta tropical procedente de unos árboles que dan sus frutos en racimos de gran tamaño, incluso como melones, de piel verde que se torna amarillenta cuando madura. Su pulpa es de color anaranjado o amarillento y se utiliza por sus cualidades tanto digestivas como nutritivas. En otros lugares la denominan lechosa.

Pargo
Alimento. Pez rojizo y comestible. Frecuente en ambos océanos.

Parrilla *(Grille; Grill)*
Utensilio de cocina formado por barras de hierro, sobre el que se ponen los alimentos, carnes, pescados o verduras, para asarlos.

Pasa *(die Rosine, raisin)*
Alimento. Fruto. Uva sometida a un largo proceso de asoleo, para obtener el máximo grado de azúcar mediante deshidratación.

Patacones *(die Bananen chips; slice of fried banana)*
Alimento. Fruta. Rodajas de plátano maduro o verde que se fríen en aceite o manteca a modo de papas.

Paté *(die Pastote; pate foie grass)*
Alimento. Procedimiento. Pasta obtenida a partir de la carne de hígado, tanto de cerdo como de pato, mezclada con otros ingredientes con especias, condimentos y vegetales.

Patilla *(die Wassermelone; watermelon)*
Alimento. Fruta. Sinónimo de sandía en Venezuela.

Pavo *(der truthahn; turkey)*
Guajolote. Ave doméstica, de pocas alas, color negruzco, de cabeza

y cuello sin plumas, con una bolsa carnosa bajo el pico. Pavo real, ave con una gran cola de colores de dibujos azules y verdes que la abre en abanico para cortejar a su hembra. Sus plumas se utilizaban para los penachos típicamente mayas y aztecas.

Payés
Alimento. (Pan de payés o campesino) típico de Cataluña, grande y redondo y que se corta en hogazas.

Pebete *(roll)*
Alimento. Pan típico de Argentina, de masa dulce que se utiliza para el *hot dog* o perrito caliente.

Pedro Ximénez
Bebida. Vitivinicultura. Vino dulce elaborado con la uva del mismo nombre, propio de Andalucía.

pH
Química. Término físico que determina el potencial de hidrógeno. La escala va desde 1 hasta 14, es decir, de máxima acidez a máxima basicidad. En los vinos oscila entre 2, 4 y 6.

Pejerrey
Alimento. Pescado. Pez marino de tonos plateados y tamaño mediano.

Peltre *(das Zinn; pewter)*
Utensilio. Material con el que se hacen piezas de cocina, como recipientes, platos, ollas, cucharas, etc., de origen metálico y recubiertos de una fina porcelana para evitar su oxidación.

Penettone *(Panneton)*
Alimento. Especialidad navideña-típicamente italiana, en forma de panecillos redondos, en los que además de llevar harina, sal, levadura, huevos, mantequilla y azúcar se le añade trozos de corteza de naranja confitada, piel de limón rallada y pasas. Un dulce.

Pepa *(das klumpen; seed)*
Semilla. Pepita. Pipa. De girasol, de calabaza, de melón, de sandía, entre otras.

Pepino *(die Gurke; cucomber)*
Alimento. Verdura. De piel dura, verde y carnoso con semillas, refrescante para las ensaladas. Tiene una forma cilíndrica.

Pera *(die Birne; pear)*
Alimento. Fruto. De forma redondeada y alargada, ancho por la base y estrecho en su cuerpo. Pulpa carnosa y dulce, con piel verde. Las variedades de secano son más dulces y sabrosas que las de regadío, con más agua y de mayor tamaño.

Perca *(der Flussbarsch; perch)*
Alimento. Pescado. Comestible y de agua dulce, tiene el lomo verdoso, el vientre plateado y los costados dorados con rayas oscuras.

Percebe *(die Entenmuschel; barnacle)*
Alimento. Marisco. Crustáceo comestible, de forma cilíndrica, en cuyo extremo se encuentra un caparazón y se adhiere a las rocas mediante un pedúnculo carnoso. Mantiene un color oscuro y una forma alargada. Es un auténtico manjar marino.

Pastel

Pollo

Panes

Peltre

Pulpo (ensalada)

Pesas y medidas

Pasas

Pastel árabe

Pesas y medidas
Utensilio. Unidad de medición que contrarresta la balanza. Patrón a disposición del cliente en tiendas importantes, para controlar la exactitud del peso.

Pescado *(der Fisch; fish)*
Alimento. Animales de respiración branquial, de cuerpo estilizado y cubierto de escamas, dotado de aletas que les permiten el movimiento y que viven en los ríos o en el mar. Se subdividen en azules o blancos según su carne. De sabores y calidades diferentes son fundamentales para la dieta humana. Aportan vitaminas y minerales, especialmente fósforo y calcio.

Pestiño
Alimento. Pastelillo de origen árabe a partir de una masa de harina de trigo, aceite de olivo, vino blanco, huevos, naranja, limón y azúcar. Se corta tiras rectangulares y se unen los extremos opuestos. Se fríen y se bañan en miel con anisetes. Son típicos de Navidad y Semana Santa.

Petilancia
Procedimiento. Vitivinicultura. Química. Sinónimo de aguja en un vino. *Fritzante. Petillant.*

Piara
Animal. Rebaño de cerdos.

Pib
Utensilio. Horno de tierra donde asaban la carne.

Pibil
Procedimiento. Platillo mexicano que introduce como ingrediente el jugo de naranja agria y el achiote para bañar y macerar la carne de cerdo. Una vez macerada se pone en la cazuela y la envuelve en hojas de plátano, previamente asadas. Se cuece durante tres cuartos de hora y se añade la cebolla, ajos, pimienta, sal y vinagre.

Picante *(Scharf; spicy)*
Alimento. Especia. Cualquier sustancia o alimento que produce una sensación de ardor o picor en lengua o garganta. Se utilizan para condimentar y conservar alimentos.

Pilche *(die Kürbisflasche; calabash)*
Utensilio. También calabaza. Recipiente de calabaza que sirve para tomar el mate u otras bebidas. A diferencia del mate que es de arbusto o mata, el pilche es de árbol.

Piloncillo *(der Zuckerhut; powdered brown sugar)*
Alimento. Melcocha. Mascabado. Azúcar presentado en forma de pilones, junto a su melaza. Presenta aspecto de fibras. Panela.

Pinole *(das geröstetes Maismehl; drink made of toasted maize)*
Alimento. Bebida refrescante de cacao con harina de maíz tostado. Puede añadirse canela y azúcar o miel. Pinol, término mexicano, también designa un mole de maíz, achiote y tomate.

Piña *(die Ananas; pineapple)*
Alimento. Fruta. Ananá, abacaxí, en Brasil.

Piña colada
Alimento. Bebida refrescante con jugo de piña, coco, hielo *frappe* y optativamente ron o licor.

Pipa *(der Fass; barrel)*
Utensilio. Recipiente de vino, de unos 500 litros de capacidad, que se utiliza para almacenar y criar vinos. Algunas semillas. Pepa.

Pipián
Alimento. Corcubitácea. Ayote. Semillas o pepas de calabaza trituradas que se utilizan para condimentar algunos alimentos y platillos, especialmente carnes o pollo.

Pisco *(peruanische Weinbrand; strong liquor)*
Bebida. Aguardiente de origen peruano muy típico también en Chile. Se obtiene de la fermentación de la caña de azúcar. Chicha. Con él se elabora el *pisco sour*.

Pisco sour *(der Branntwein; coctel of pisco)*
Bebida. Cóctel que lleva, además de pisco, clara de huevo batida, lima, azúcar y mucho hielo granizado. Se remata con unas gotas de angostura.

Pistacho *(Die Pistazie; pistachio)*
Alimento. Fruto seco que se come crudo o tostado, de rico sabor. De tamaño un poco menor que una almendra, está cubierto de una cáscara dura cuya semilla, de tonos verdes, es dulce. Típico de Irak e Irán.

Pitahaya *(die Drachenfrucht; pitahaya)*
Alimento. Fruto. De fuerte color violáceo, con espinas y carnoso, propio de Centroamérica. Se utiliza, además de fruto, para hacer refrescos. Agua de pitahaya de agradable y dulce sabor.

Pizca *(ein bisschen; pinch)*
Unidad. La porción de especia o elemento nutritivo que cabe entre el dedo índice y pulgar. Una pizca de sal no llega ni mucho menos a una cucharadita o un puñado. Un poco de sal.

Pizza *(die Pizza; pizza)*
Alimento. Pasta. Torta delgada y fina de harina y agua que se recubre de tomate, queso y otros múltiples ingredientes y que se introduce en un horno para servir caliente. Su origen es italiano.

Plátano *(die Platane; plantain)*
Alimento. Fruto. Banano. Maduro. Fruta alargada y curvada, de color amarillo, con piel gruesa y carne blanca y dulce. Crece en racimos y en climas tropicales.

Plunder *(der Strudel; strudel)*
Alimento. Masa fermentada y hojaldrada rellena de pollo, verduras, especias, etcétera.

Pocillo *(Kaffee Tasse; coffee cup)*
Utensilio. Taza pequeña de café, preferentemente de cerámica o loza.

Pistacho

Paté

Pato laqueado

Pipián

Pico de gallo

Pepas de cacao

Polvorones

Pepino (ensalada)

Pócima *(der Arzneitrank; ption)*
Procedimiento. Bebida que se obtiene de hierbas machacadas, a veces de sabor desagradable y con efectos sorprendentemente terapéuticos o mágicos.

Polo *(das Eis; iced lolly)*
Alimento. Helado. Paleta. Trozo de hielo con diferentes sabores insertado en un palo que sirve para comerlo como refresco. Sinónimo de paleta. Oriundo de China y países asiáticos.

Polvorón *(Schwalz und Zucker)*
Alimento. Pastelillo hecho con masa polvoreada y prensada de harina, azúcar, frutos secos, típico de Navidad. Famosos los de Estepa, en Andalucía.

Pomelo *(die grapefruit; grapefruit)*
Alimento. Fruto. Taronja. Toronja. Parecido a la naranja, de piel gruesa y pulpa de sabor más ácido y astringente o áspero.

Ponche *(der Punsch; punch)*
Bebida. Preparación con pulpa de melocotón, jugo de naranja, azúcar, canela y clavo. También ron, aguardiente, arándanos, etc., se presenta flameado. Llevar a ebullición toda la mezcla contenida en una cazuela de barro, durante tres minutos. Quemar el alcohol. Dejar enfriar en la nevera y servir, previamente colado en copas adornadas con un trocito de naranja o limón. La palabra ponche viene de la India y Pakistán. El nombre de *pänch* significa cinco, e indica el número de ingredientes.

Popote
Utensilio. Pajilla de plástico para absorber líquidos mediante la aspiración.

Porcino *(das Schwein; pork)*
Derivado del puerco o cerdo. Sinómino de chancho.

Poro *(der Lauch; leek)*
Alimento. Verdura. Sinónimo de puerro. Planta u hortaliza con características similares a la cebolla, desinfectante y diurética. Contiene vitamina C.

Poroto *(die lange Bohnen; kidney bean)*
Alimento. Gramínea. Frijol, frajol, alubia, judía, habichuela.

Porrón *(Trinkgefäss aus Glas mit langer Tülle; wine jar with a longspout)*
Utensilio. Recipiente de vidrio de forma peculiar, con base ancha y circular, del que salen dos cuellos, uno más ancho por el que se llena y otro de forma cónica y más estrecho por donde se bebe a chorro levantando el brazo.

Postre *(der Nachtisch; dessert)*
Alimento. El término postre viene de posterior, lo "último", y constituye un añadido importante a la comida, ya que generalmente los dulces aportan esas cantidaes de azúcar necesarias para una buena digestión. Pueden ser frutas, repostería, chocolates, helados, quesos, jugos, cafés, etcétera.

Potaje *(die dicke Suppe; stewed vegatables)*
Alimento. Procedimiento. Guiso que se confecciona con legumbres, verduras, papas y otros múltiples elementos en un puchero metálico o cazuela de barro.

Pozol *(ein Fleischgericht; posol)*
Alimento. Bebida hecha con agua y maíz fermentado, de bajo contenido alcohólico.

Pozole *(das ein Maisgetränk; Maite stew)*
Alimento. Procedimiento. Típica sopa de cocido mexicana con abundante caldo, pollo, cerdo, elote o maíz, papa o camote, yuca, rábano, etcétera.

Praliné *(belgische Pralinen; praline)*
Procedimiento. Alimento. Chocolate negro que recubre una pasta de chocolate y avellanas, almendras o nueces. Muy típico de Bélgica. Sinónimo de bombón. Típico de Bélgica y Suiza.

Predicado
Terminología. Vitivinicultura. Vino de calidad superior, semejante a las denominaciones de origen. Término utilizado sobre todo en Alemania.

Puchero *(ein Eintopf; cooking-pot)*
Utensilio. Recipiente de barro o metal de forma redondeada y ancha, hondo y con asas y tapadera. Recipiente donde se introducen alimentos gramíneos con agua, papas u otros tubérculos y se hacen los potajes.

Puerco *(das Schwein; pork)*
Alimento. Animal. Chancho. Marrano. Cerdo.

Puerro *(der Lauch; leek)*
Alimento. Verdura. Planta u hortaliza con características similares a la cebolla, desinfectante y diurética. Contiene vitamina C. Con ella se elabora la sopa vichisois.

Pulpo *(der Polyp; octopus)*
Alimento. Pescado. Animal marino de cuerpo redondeado del que salen ocho brazos con ventosas. Su carne es comestible.

Pulque *(der Agavenwein; fermented drink made from maguey sap)*
Bebida. Se obtiene a partir de la fermentación del aguamiel. Se puede tomar solo, cuyo color es blanquecino, o con jarabes. Pulquería, lugar donde se toma el pulque.

Punch *(alkoholisches Heißge-tränk; punch)*
Bebida. Cóctel. Típicamente caribeña y antillana que se elabora con ron y se sirve fría y azucarada.

Punche
Alimento. Crustáceo. Cangrejo que crece en los manglares.

Pupitre
Utensilio. Vitivinicultura. Armazón de madera en forma de cuña o uve, con orificios, que sirven para colocar las botellas de cava o champán y girarlas. También se utilizan para el cava.

Percebes gallegos

Potaje

Pesas y medidas

Pulpo

Pupusas *(stuffed tortilla)*
Alimento. Procedimiento. Quesadillas o empanadillas típicas de El Salvador que llevan varios ingredientes, como vegetales, chicharrones, queso, etc., acompañada del "curtido" a base de repollo.

Puré *(das Püre; purée)*
Caldo denso que se obtiene triturando comestibles, tubérculos, granos o verduras cocidas.

Pitahaya

Pupusas

Pimientos y hortalizas

Piña colada

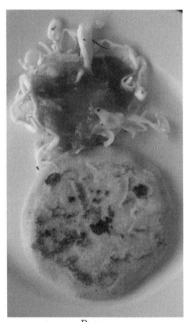

Pupusa

Peces (motivo)

135

Pan

Alimento. Los indígenas aztecas y mayas hacían y comían el pan de maíz. El grano se machacaba en una roca cóncava que denominaban metate y se le echaba agua hasta formar una pasta con la que se hacían tortillas redondas que se secaban en el comal, o bien, que se enrollaban en la misma hoja del maíz o de plátano y se dejaban asar en las brasas, sacándolas cuando aún estaban blandas y calientes, o bien se cocían al vapor. Eran los tamales. Dos formas de comer la masa o el pan de maíz.

Fernández Oviedo nos habla de otro pan denominado de cazabi o casabe, en el que se utilizaba yuca o mandioca y tenía la característica de aguantar durante mucho tiempo.

De todas formas la tortilla de maíz era y sigue siendo, la base de la dieta alimenticia de los mexicanos y centroamericanos y la semilla de maíz un símbolo religioso en torno al que gira gran parte de la mitología mesoamericana.

Con la llegada del trigo se hicieron los primeros panes blancos y aparecieron la alhóndigas, graneros o silos donde se protegía el grano, su distribución y, sobre todo, su precio. Los panaderos acudían a su silo para obtener la harina y hacer su pan cada dos o tres días.

Debía de ser, como dice Paco Ignacio Taibo I, "floreado, bien cocido, oloroso, con el peso estipulado y de buena calidad". El precio era siempre un referente constante y un motivo de alarma si se alteraba.

Los primeros panes de la época colonial eran de sal, como el denominado francés, birote, español, pambazo, telera, cañón. También había panes dulces como las campechanas, ojos de pancha, poblanas, chalupas, trenzas, banderillas, etc. El hispano siempre comía con pan y a ellos pertenecieron los primeros negocios vinculados al mismo.

Luego se sumarían franceses e italianos. Bimbo, El Globo, La Espiga, El Molino, La Suiza, La Danesa, etc., son una muestra de ello. Popular fue la panadería "Las tres colonias" ya que su superficie era tal que abarcaba un trozo de cada una de las colonias de Roma, Condesa e Hidalgo. En 1899 se inauguró la panadería Perecci, italiana, que utilizó maquinaria para amasar y hacer el pan, y la primera en hacer pan americano.

El pan llevaba la marca del panadero con lo que se identificaba a quien lo hacía. La utilización de azúcar en su elaboración facilitó que los mexicanos se integraran en la cultura del pan blanco a través del pan dulce. De todos los panes, el denominado panecillo o pan de bolillo es el más popular.

Durante la época de Porfirio Díaz el pan que se comía era más francés y los vendedores iban con sus canastos gritando su "Gorditas de cuajadaaa". También los conventos hacían su pan para consumo propio y tenían sus hornos y sus panes reconocidos, como los marquesotes de rosca de Santa Teresa, las rosquillas de Santa Mónica, las puchas de Santa Rosa de Vitervo en Querétaro, los bizcochos de San Bernardo, entre otros. Para fiestas había panes especiales. De entre ellos el pan de pulque, con harina de trigo, manteca vegetal, huevos, azúcar, levadura y pulque y el pan roscón de reyes, el bonete de chocolate o picón, bien con nata, bien con pasas y ate, pasas y nueces.

El tradicional pan de muerto para el 2 de noviembre, los tlacotonales de Puebla, las "regañadas" de Oaxaca y un largo etcétera. Semitas, puchas, gorditas, chamucos, cocoles de Aguascalientes, galletas de pinoles y dátil, empanadas de frijoles dulces, en Baja California, chorreadas y coyotas, rancheritas, de Coahuila. Empanochadas, picones y pan de huevo de Colima, la panetela y las rosquillas de maíz de Campeche.

El pan de San Cristóbal y el pan de arena con raspadura de limón, en Chiapas, sin olvidarnos de los turuletes y los suspiros de Chiapa de Corzo. El pan de elote, pan menonita, gorditas de cuajada de Chihuahua. Los deliciosos cuernitos de almendra y el pan de calabaza de Guanajuato. Las empanadas de trigo rellenas de calabaza, los bigotes de pancho y puchas de Durango. Los mostachones y pan de dátil de Zacatecas. El pan de plátano y las bolas de yuca de tabasco; los marranitos de piloncillo tlaxcalteños, chamberinas y magdalenas, puros y hojarasca veracruzanas.

Las arepas y el pan de milpa yucateco; los maicillos y garapachos de harina de maíz de Tamaulipas, el pan de garbanzo y los bizcochos envinados de San Luis Potosí, las ricas empanadas y encocados de Quintana Roo, el "bien me sabes" y chilindrinas poblanas; las chorreadas, pan de pobre y pan de huevo y piloncillo de Nuevo León, y un larguísimo etcétera para nunca terminar.

Pasta

La pasta viene de China y parte de la culpa la tuvo el insigne Marco Polo. Se instaló en Grecia donde Alejandro Magno la probó con anterioridad. De ahí pasó a Italia donde los italianos (en especial los napolitannos) la hicieron suya y de ahí a España que la exportó a México. Hoy forma parte importante de nuestra dieta por su aporte en calorías, su bajo coste, su gran aceptación entre los más jóvenes y su versatilidad gastronómica.

Sin embargo, conserva casi toda la terminología italiana: *spaghetti*, *tagliatelle* o *fettuccini*, *fussili*, *macarroni*, *penne*, lasaña, *tortellini*, raviolis, canelones, fideos, tallarines, codos y las célebres pizzas, y no hay niño, joven o adulto que no le encante un plato de pasta. Además, sazonada con variedad de especias, bañada con salsas y escarchada con quesos resulta un útil recurso y regalo culinario.

Hay que tener mucho cuidado al cocinarla, es decir, en la cocción y sacarla en su punto. En Italia dicen *al dente*, es decir, un poco dura y nunca pasada. Si la pasta tiene forma de cinta plana tenemos los tallarines y si son más amplios los *fettuccines*. Con ellos podemos probar los *fettuccine* con trufas, a la romana, a la napolitana, etc. También son planas las pastas denominadas *tagliatelli*. Pueden ser de color verde o de espinacas, o estriadas en forma de espiral. Los *gallets* o conchitas en forma de codos pequeños y huecos son muy aptos para sopas. La pasta es la reina de la cocina italiana.

La pasta está hecha fundamentalmente de harina de trigo, leche, huevo, sal, agua y se clasifican en dos grandes categorías: las simples y las rellenas. Los macarrones son cilíndricos, huecos más o menos gruesos, lisos o estriados. Los macarrones al gratín o con salsa de tomate son los más comunes. Los fideos son finos y macizos. Pueden ser largos o cortos. Se usan en sopas y los fideos a la cazuela son los más conocidos. Si son más gruesos y largos, pero redondos, son los *spaghettis*. Al pesto, a la carbonara, a la boloñesa, etc., son por todos degustados.

Patatas o papas

La patata, comúnmente la papa, es un tubérculo o raíz de forma redondeada y lisa, rica en almidón o gluten e hidratos de carbono. Dijeron que era el regalo más útil que el Nuevo Mundo dio al Viejo y no es para menos, porque en numerosas ocasiones ha salvado del hambre a millones de personas. Llegó de la zona andina a finales del siglo XVI y no tuvo mucha aceptación en Europa. Al principio no era más que una planta ornamental de bellas hojas. Tras épocas de plagas y hambruna que destruyeron las cosechas de trigo, hubo que recurrir a ellas para paliar el hambre y dejaron de ser manjar de los cerdos para pasar a los humanos.

Poco a poco se fueron ganando el merecido lugar que hoy ocupan en la dieta diaria de la humanidad. No hay menú o preparado culinario que no lleve el ingrediente papa. Distinguir a esta noble planta como "nuevas" o "viejas" no deja de ser una vulgaridad.

En muchos lugares hay hasta seis o siete categorías de papas. La papa "primor" o tempranera, la que se recolecta antes de su maduración y cuya característica principal es que su piel es suave y se pierde con facilidad. Le sigue la papa "calidad" y su tamaño no puede ser inferior a los 30 mm. La papa "común" de peor calidad y mayor tamaño, etcétera.

La papa es el recurso más frecuente de nuestra cocina. Desde el sufrido puré a la tortilla u *omelette*. Desde el potage o guiso al pozole. Desde el plato de verdura al estofado. De la ensaladilla al suflé o dulces. Todo lleva papa y ¡que no nos falte!

139

Pescados y mariscos

Los pescados provienen del agua, ya sea dulce (de ríos y lagos) o salada (del mar). Es un rico y nutritivo alimento que contiene sobre todo proteínas, además de sales minerales como el sodio y el yodo, fósforo y calcio. Dotados de poca grasa, son óptimos para la dieta equilibrada y deberían ingerirse con más frecuencia de lo que se acostumbra hacer. Al alto valor nutritivo se le añade la enorme cantidad de especies que le otorgan multitud de agradables sabores. Podríamos comer un pescado diferente cada uno de los días del año y sin repetir ninguno.

Entre los más comunes en nuestras latitudes tenemos el huachinango, la mojarra, el róbalo, la corvina, el mero, el atún, el charal y el blanco de Pátzcuaro; la sardina, el jurel, el pargo, el pejesierra, el gaspar, la guavina, la carpa, la merluza y el bacalao, de aguas más frías, la lisa, el cazón, el pámpano, la trucha de río y un largo etcétera.

También el calamar, el pulpo y la sepia. Los mariscos son otro cantar. Una delicia para el paladar aunque de precios excesivos, debido sobre todo a la dificultad de pescarlos. La langosta y el bogavante son los reyes, también los camarones, los langostinos, las cigalas, las nécoras, las jaibas, los cangrejos, los centollos, los bueyes de mar, los moluscos o mejillones, los choros, las almejas, los berberechos, las machas, las navajas, las cañaillas y las deliciosas ostras.

Se subdividen en crustáceos, o los que tienen el cuerpo cubierto por una cáscara o caparazón resistente y a veces duro (camarones, langosta, langostino, jaiba) y los moluscos, de carne tierna y cubiertos por dos valvas o concha dura, como las almejas, ostrones, tallarinas, cañaillas, berberechos, chirlas y los mejillones. También las nécoras, los caracoles de mar, etc. El pescado debe consumirse fresco; ya que de lo contrario puede contener toxinas y ser nocivo para el organismo.

Antes se evitaba comprar pescado en aquellos meses donde no había una "r" como mayo, junio, julio, agosto; es decir, los más calurosos, pero hoy en día y gracias a los procedimientos de congelación, se puede consumir durante todo el año. También hay que tener en cuenta el hemisferio donde se vive, ya que las estaciones no coinciden en el sur o el norte de los continentes.

El pescado es delicado e imprescindible limpiarlo bien de sus entrañas, quitarle los intestinos y las escamas y recortar sus aletas. Para cocinarlo utilizar una temperatura baja y constante, echarlo cuando el agua o líquido hierva y si se fríe que sea con abundante aceite.

Las preparaciones al mojo de ajo, al pil pil, empanizados o encocados, adobados, en escabeche, en salsa, al horno, a la sal, al vapor, en croquetas, en cebiche, son sólo algunas de las múltiples sugerencias para cocinarlos.

Qq

Qq

Quesadilla *(der Maisflafen; folded tortilla)*
Alimento. Procedimiento. Tortillas mexicanas de maíz, rellenas de verduras, hongos, pollo, queso, etc., al estilo de las empanadillas y fritas en aceite caliente.

Queso *(der Käse; cheese)*
Alimento. Hecho con leche de vaca o cabra cuajada, constituye un auténtico manjar. Cada región dispone de sus quesos y variedades que ofrecen múltiples sabores y estilos. Consiste en separar de la leche la parte sólida de la líquida.

Quina *(die Chinarinde; quinine)*
Química. Bebida. Producto químico amargo, típico en la elaboración de los vermuts y *bitters*. También utilizado para el agua de tónica. Quinina.

Quinoa
Alimento. Planta herbácea que se da a una altura alrededor de los 3,000 metros en la zona andina. Sus hojas verdes se utilizan para guisos variados y su fruto es una semilla blanca o roja. Tiene un cierto sabor amargo. Es una palabra quechua.

Quesadillas

Quesero

Quesos

"El queso es la inmortalidad de la leche", decía el ilustre académico Gómez de la Serna. El queso es un derivado de la leche, junto a la mantequilla, el más importante. La leche es el alimento más completo que existe y el primero que perciben la mayoría de las especies animales superiores. De ahí que todas las hembras de los mamíferos, incluidos la especie humana, den a sus crías leche durante el primer periodo de su vida, denominado lactancia.

La leche contiene grasas, proteínas, azúcar o lactosa, además de otras sustancias minerales. Lleva, además, vitamina A, B, C y D. La leche materna es muy rica en lactosa, aunque dispone de menos proteínas que la de la leche de vaca. La denominada leche descremada es la que menos grasa tiene, entre un 0.04 y 0.05%. El consumo medio anual de leche oscila entre los 90 y 120 litros por persona y día, aunque desgraciadamente no todos los niños tienen ese privilegio.

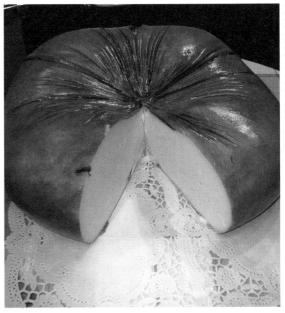

La leche de vaca es la más utilizada aunque también se consume la de oveja, cabra y en algunos lugares de camella u otros mamíferos. De la vaca no sólo se saca la leche sino el yogur, la nata, la mantequilla, los helados, el suero, etcétera.

Una buena vaca produce al año unos 7,000 litros de leche de la que sólo menos de la mitad se usa para el consumo directo. El resto para otros productos, siendo el queso el más importante. La leche lleva 90% de agua y 3.6% de materia grasa. El queso conserva la mayor parte de la grasa de la leche. El queso lleva entre 35 y 45% de grasa.

La leche debe pasteurizarse o esterilizarse; es decir, tratarla para eliminar todos los gérmenes. Para ello lo más común es calentarla hasta los 80 °C durante 30 segundos, con lo que se eliminan 99% de esos gérmenes.

El queso se obtiene cuajando la leche por medio del ácido láctico y el cuajo, y su sabor peculiar depende de las proteínas descompuestas lentamente por ese cuajo.

Dependiendo de cómo se ha ido separando del suero, el queso tendrá diferentes texturas o presentaciones, con agujeros, con estrías o grietas o más compacto.

El denominado queso blanco se obtiene dejando en la masa cuajada mayor cantidad de suero. El queso está elaborado con leche de vaca, cabra u oveja, ya pasteurizada, a la que se le añade cuajo y una serie de bacterias lácteas que hacen, una vez removida, que se coagule o cuaje. La pasta formada se descompone removiéndola y calentándola y eliminando el resto acuoso o suero.

Esa pasta cremosa se coloca en unos moldes y se salan. Luego se almacenan en lugares de temperatura entre 10 y 20 ºC, según el tipo de queso, y se curan durante un periodo entre los dos y los seis meses. Los quesos blandos se almacenan durante menos tiempo. A los quesos duros se les envuelve en una capa de parafina

para su mejor conservación. Los quesos se clasifican según su contenido graso, dureza y textura. Los hay duros, semiduros, blandos y cremosos.

También por su textura de agujeros esféricos, como el emmental, Gruyére, holandés de bola, etc. De grietas, como el *cheddar* inglés, el *port salut*, macizos, como el apladal. Con moho u hongos blancos como el *boursin* francés o gorgonzola italiano, o con moho verde como el roquefort francés y el cabrales hispano. Un ejemplo de queso fuerte y compacto es el parmesano italiano.

En resumen hay tantos quesos como podamos imaginar y la mayoría con denominaciones de origen y características especiales. La pasta no se concibe sin queso rallado. Las *fondues* o quesos fundidos suizos, alemanes o franceses, los ahumados, como los famosos idiazábal, los quesos con nueces, con trufas, etc., son un buen ejemplo de la imaginación. Combinar un queso con un vino es un arte o un reto. Posiblemente de las cosas, culinariamente hablando, más difíciles de casar. Se lo insinúo como tarea de trabajo.

Rr

Rábano *(der Rettich; radish)*
Alimento. Hortaliza. Planta herbácea procedente de China de tallo ramoso y hojas ásperas. Su fruto, que es una raíz, tiene la piel roja y el interior blanco. Tiene sabor picante y se come cruda. Se utiliza en las ensaladas.

Racimo *(die Traube; raceme)*
Fruto. Conjunto de frutas unidas por el mismo tallo. Los más representativos son los de la uva.

Raja *(der Riss; slice)*
Unidad. Ciertas especias como la canela en rama hay que deshacerla o deshilacharla. Una raja equivale a una hebra longitudinal de la misma.

Rallador *(die Reibe; grater)*
Utensilio. Objeto en forma de lámina plana o curvada, metálica, llena de agujeros cortantes, que se usa para desmenuzar algunos alimentos como el tomate, el queso o el pan.

Rape *(der Seeteufel; angler fish)*
Alimento. Pez marino aplanado, de cabeza ancha, de carne blanda y carnosa, muy apreciada.

Raspón
Viticultura. Parte de la estructura vegetal del racimo. También se le denomina escobajo. Le da cierto amargor al vino.

Ravioli *(die Ravioli; ravioli)*
Alimento. Pasta. Se hace con harina en forma de pequeños cuadrados rellenos de carne, queso y verduras que se cuecen en agua. Se sirven con queso o salsas diversas. También ravioles.

Raya
Alimento. Pez marino en forma de delta, plano y de carne blanca y comestible.

Rebanada *(die Brotscheibe; slice)*
Procedimiento. Corte. Loncha. Trozo fino de algún alimento. Se utiliza para el pan.

Rebañar *(leer essen; to scrape up)*
Procedimiento. Apurar la comida de un plato, sobre todo salsas, mediante un trozo de pan.

Rábanos

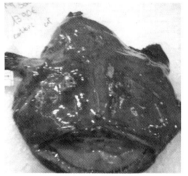
Rape

Raja de canela

Rr

Rayador

Raíces

Raviolis

Razón

Rebojo *(ein Brot; piece of bread)*
Alimento. Pan típico que lleva huevo, de la región de Zamora, España.

Recado *(die Würze; seasoning)*
Procedimiento. Mezcla de orégano junto con otras especias utilizado como acompañamiento. En otros lugares, salsa que acompaña algunos guisos.

Receta *(das Rezept; recipe)*
Procedimiento. Conjunto de ingredientes alimenticios necesarios e instrucciones pertinentes para cocinar o preparar un plato de comida determinado.

Refresco
Alimento. Bebida de diferentes sabores, con esencias de frutas y conservantes. Frecuentemente con gas carbónico.

Refrito
Procedimiento. Comida o condimento formados por trozos pequeños de algo.

Regaifa
Alimento. Pan típico de Galicia, redondo y que se caracteriza por llevar en medio un huevo duro. Evoca la primavera y es como una "mona" de Pascua.

Regaliz *(das Süssholz; liquorice)*
Alimento. Condimento. Palo dulce. Orozuz. Raíz de sabor dulce. Golosina de color negro y sabor característico.

Regañada
Alimento. Torta de pan delgada y recocida que se elabora en Andalucía.

Remolacha *(die Rübe; beet)*
Alimento. Raíz. Tubérculo que adquiere un tono rojo púrpura, de sabor dulzón. Betabel.

Repollo *(der Kohl; cabbage)*
Alimento. Verdura. Hortaliza similar a la col, con las hojas muy juntas y grandes y de color verde claro. Se comen cocinadas o crudas.

Requesón *(der Quark; cottage cheese)*
Alimento. Lácteo. Masa blanca, blanda y conteniendo grasa que se obtiene de la leche cuajada y quitándole el líquido o suero que le sobra. Postre que se toma con membrillo y miel.

Reserva
Procedimiento. Vitivinicultura. Vino que envejece dos años en barrica de madera y un año en botella. En conjunto son 36 meses o tres años.

Robalo *(sea bass)*
Alimento. Pez marino que se adentra a desovar a los ríos. Posee un sabor agradable y fino y es de color plateado.

Robusta *(eine klase Kaffe; kind of coffee)*
Alimento. Café. Tipo de café, cuyos granos contienen más cafeína que la variedad arábiga.

Rodaja *(die Scheibe; slice)*
Procedimiento. Trozo de forma redondeada y plana que se obtiene al partir o cortar ciertos alimentos. como pan o embutidos. Lonchas redondas o rebanadas.

Rodillo *(das Nudelholz; rolling pin)*
Utensilio. Cilindro de madera con dos mangos en los extremos que se utiliza para aplanar las masas y pastas.

Rosca *(der Kringel; ring-shaped roll)*
Alimento. Pan. Dulce de forma redondeada con agujero en el centro. Rosquilla.

Roux
Procedimiento. Voz francesa que designa a un tipo de harina tostada en mantequilla y que se utiliza para espesar salsas. Se utiliza mucho en la cocina afrancesada.

Roya *(der Rost; rust)*
Química. Hongo dañino que ataca a varios cereales, especialmente al trigo.

Recipiente de tortillas

Refrescos

Remolacha

Regaliz

Ss

Sacacorcho
Utensilio. Artilugio metálico en forma de tirabuzón que se usa para extraer los corchos de las botellas. Existen muchos modelos.

Sacarina *(das Sacharin; saccharin)*
Alimento. Sustancia blanca y dulce que se usa en sustitución del azúcar. Edulcorante.

Sacher
Procedimiento. Alimento. Tarta de chocolate amargo, harina, azúcar, huevos y mantequilla. Su nombre se debe al vienés Franz Sacher.

Sake
Alimento. Bebida alcohólica típica japonesa, hecha de arroz. Debe beberse tibia y no fría.

Sal *(das Salz; salt)*
Condimento. Especia. Cloruro sódico. Existen diferentes tipos: sal gorda, iodada, gruesa, marina. Elemento básico en la cocina e ingrediente de la mayor parte de los platos, juntos con el agua. Sustancia mineral de color blanco que se usa para sazonar y conservar alimentos.

Sal al gusto
Medida. Condimento. Cada organismo y cada familia sabe los gustos en torno a la sal. Es mejor añadir después, si se encuentra soso, que pasarse con ella.

Salazón *(das Einsalzen; salting)*
Procedimiento. Método para conservar los alimentos añadiéndole mucha sal.

Salchicha *(das Würstchen; saussage)*
Embutido en forma alargada hecho con carne de cerdo picada con condimentos, especias, etc., que se come cocida o asada.

Salchichón *(die Hartwurst; sausage)*
Alimento. Embutido de carne de cerdo, condimento y especias, curado, que se come crudo. *Fuet.* Longaniza.

Salmón *(der Lachs; salmon)*
Alimento. Pescado. Pez marino de lomo azulado y vientre plateado.Su carne es de tono rosado. Sube a los ríos para depositar sus huevos. Su versión ahumada es muy apreciada.

Sacacorchos

Salmón

Sopes

Salmón y pulpo

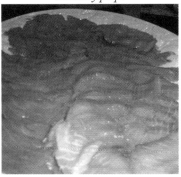
Salmón ahumado

Sardina

Sandía

Salmonete *(die Meerbarbe; red mullet)*
Alimento. Pescado. Pez marino de color rojizo en el lomo y rosado en el vientre, tiene la cabeza grande. Su carne es muy sabrosa y apreciada.

Salmorrejo
Alimento. Procedimiento. Salsa típica compuesta fundamentalmente por agua, aceite de oliva, sal, pimienta y trozos de pan que le dan consistencia. Pueden añadirse otros ingredientes, dependiendo de las zonas.

Salpimentar *(mit Salz un pfeffer würzen; to season)*
Procedimiento. Sazonar con sal y pimienta un alimento.

Salsa *(die Sösse; sauce)*
Procedimiento. Combinación de ingredientes líquidos y sólidos, triturados de diversas especias, condimentos y alimentos que sirven para acompañar algunos productos sólidos.

Salvado *(die Kleie; bran)*
Cáscara del grano, desmenuzada por la molienda y con el que elaboran ciertos alimentos y panes muy fibrosos.

Sancochar *(in Wasserkochen; parboil)*
Procedimiento. Cocer algo ligeramente sin dejar que se ablande demasiado. También salcochar. En el caso del vino, arrope obtenido por la cocción del mosto natural a fuego lento.

Sandía *(die Wassermelone; watermelon)*
Alimento. Fruto. Con forma de pelota grande, piel verde o jaspeada e interior rojo. Sabor dulce y agradable. Es muy refrescante y diurética. Patilla en Venezuela.

Sándwich *(der Sándwich; sandwich)*
Alimento. Forma inglesa de llamar al bocadillo o emparedado. En algunos países, como Ecuador, se denominan sánguches.

San Francisco
Bebida. Cóctel. Mezcla de jugo de limón, naranja y piña. Añadir la granadilla. Servir en vasos con mucho hielo.

Sangría *(die Sangria; sangria)*
Procedimiento. Bebida. Cóctel típico refrescante que consiste en mezclar vino tinto, jugo de naranja o limón, trozos de limón y naranja, azúcar, algún licor, canela y hielo. Si se macera un tiempo sabe más rica.

Sangrita
Alimento. Bebida de jugo de tomate con chile y especias que se acompaña con el tequila.

Sardina *(die Sardine; sardine)*
Alimento. Pescado. Pez marino y pequeño de color negro azulado por el lomo y plateado por los lados y vientre. Se mueve en grandes grupos. Sabroso y económico.

Sazonar *(würzen; to season)*
Procedimiento. Mezclar ciertos ingredientes entre los que se encuentran el cilantro (culantro), el ají o

guindilla picante, orégano, ajo, etc. Es el término más repetido de la cocina dominicana.

Sémola
Alimento. Es el trigo al que se le ha quitado la corteza, molida y debidamente purificada. Su granulación determina su denominación en sémola gruesa, sémola fina o seolina. Su tono es pardo o crema claro y es rica en proteínas.

Sésamo *(würzen; to season)*
Especia. Condimento. Ajonjolí.

Seta *(der Pilz; mushroom)*
Alimento. Hongo. Formado por un pie y un sombrero o paraguas abierto, crece en lugares húmedos y es comestible, según las especies. Algunos son venenosos.

Sidra *(der Apfelwein; cider)*
Alimento. Bebida. Se obtiene a partir de la fermentación del jugo de la manzana.

Sifón *(der Siphon; siphon)*
Utensilio. Botella cerrada herméticamente que contiene agua con gas carbónico, la cual se extrae a través de un mecanismo que consiste en una palanca que provoca la subida a través de un tubo interior. Al agua que contiene esa botella se le denomina sifón, agua de *self* o con gas.

Silos *(die Silos; storage pit)*
Utensilio. Lugar donde se almacena el grano. Tiene diferentes tamaños y formas, normalmente cilíndricos, construidos de arcilla, ladrillo, piedra o modernas estructuras metálicas de temperatura controlada.

Sincronizado (*sandwich*)
Alimento. Sinónimo de emparedado o bocadillo tipo *bikini* con pan de molde, queso y jamón cocido o de York, caliente.

Siniya
Utensilio. Bandeja redonda y grande. Término árabe. También los emplean los judíos.

Sobrasada *(Paprika streichwurst aus Mallorca; Majorcan sausage)*
Alimento. Embutido. Elaborado con carne de cerdo y coloreado por el exceso de pimentón rojo. Es típica de las Islas Baleares.

Sofreír *(leicht anbraten; to fry lightly)*
Procedimiento. Freír ligeramente un alimento sin que se cueza por completo.

Solera *(die Unterlage; lower millstone)*
Utensilio. En el molino o en el metate la piedra de moler inferior, fija y de forma cóncava, sobre la que queda la harina triturada por la piedra superior o volandera. Base del horno donde se cuece el pan.

Solera *(der Bodensatz; older wine)*
Procedimiento. Vitivinicultura. Sistema de crianza o de envejecimiento de ciertos vinos.

Soja *(die Soja; soya)*
Alimento. Planta de tallo recto que contiene semillas en forma de pe-

Sangrita

Sobrasada

Sésamo

Setas

Ss

Sidra

Sifón

Salsas

Sofreír

pas comestibles y de la que se obtiene aceite y harina. Soya.

Sommelier *(der Sommelier; sommelier)*
Procedimiento. Termino francés con el que se designa el jefe de la bodega y conocedor de vinos en un buen restaurante. Somelier.

Sopa *(die Suppe; soup)*
Alimento. Procedimiento. Compuesto que lleva, sobre todo, líquido obtenido al cocer carnes, verduras, etc., llamdo caldo. Éste puede ser más o mcnos concentrado en el que se hierve pasta fina, tipo fideos o legumbres. También se le puede añadir carne o pescado.

Sope
Alimento. Tortilla redonda mexicana de tamaño inferior al taco y rellena o montada con carnes, moles, etc. Antojito. Taco.

Strudel *(der Strudel; strudel)*
Alimento. Pan. Pastel redondo achatado y en forma de corona o rosco. Su relleno está compuesto por pasas, manzana y diferentes frutos secos. Además de los ingredientes típicos del pan, se rellena con el

contenido de frutas, se enrolla y se cuece al horno.

Surubí *(catfish)*
Alimento. Pez fluvial de carne clara y sabrosa.

Suspiros *(das Baiser; meringue)*
Alimento. Típico postre peruano con forma característica donde la clara de huevo y el azúcar son elementos básicos.

Sweet *(süsswein; sweet)*
Vitivinicultura. Término inglés que designa a un vino dulce y oloroso.

Salsas

Sojas

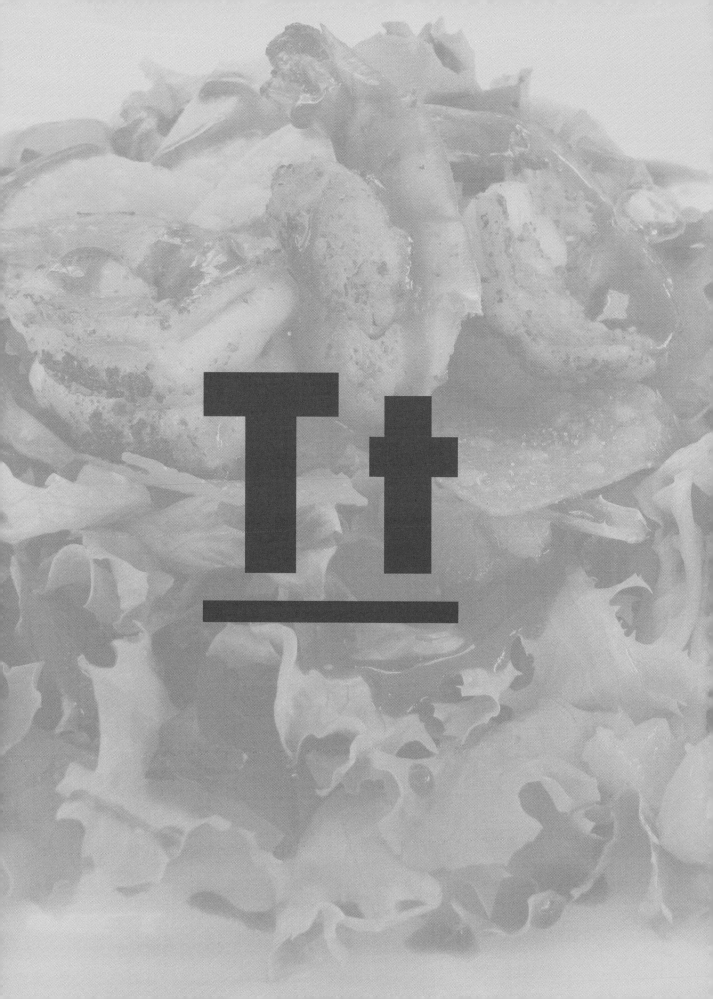

Tt

Tabasco *(tabasco sauce)*
Condimento. Especia. Salsa muy picante con tomate y chiles, aunque de origen mexicano se fabrica en los Estados Unidos.

Taco *(der Maisfladen; rolled tortilla)*
Alimento. Tortilla redonda y plana hecha con harina de maíz sobre la que se pone todo tipo de alimentos, desde vegetales a carnes, aves, etc., con salsa verde o roja de jitomate y de forma constante el chile. Es el platillo mexicano por excelencia. Enchilada. Chilaquile. Antojito. Sope.

Tafelwein *(der Tafelwein; winetable)*
Bebida. Vitivinicultura. Vino de mesa alemán.

Tagin
Utensilio. Cazuela de barro redonda y barnizada cubierta con una tapa de forma cónica. Sirve para cocinar todo tipo de aves, carnes, pescados. Típica de los países árabes.

Tahona *(die Bäckerei; flourmill)*
Utensilio. Procedimiento. Es el tér-

mino árabe que significa molino. Lugar donde se muele el trigo o cereal para obtener la harina. Sinónimo de panadería.

Tallarina
Alimento. Marisco. Molusco de concha lisa, plano y pequeño de dos vulvas semejante a las almejas, chirlas, berberechos.

Tamal *(die Maispastete; tamale)*
Alimento. Humita. Nacatamal, típico de Nicaragua. Masa de maíz mezclada con otros ingredientes (carnes, chicharrones, olivas, pimientos, carnes, etc.) envueltos en hoja de plátano o achera y hervidas o cocidas en vapor de agua. Hayaca.

Tamarindo *(die Tamarindo; tamarind)*
Alimento. Fruto de un árbol con el que preparan refrescos, aguas, utilizando su pulpa rojiza y seca.

Tamiz *(das Sieb; sieve)*
Utensilio. Rejilla metálica con el borde de madera que sirva para seleccionar granos, impurezas, harinas, etc. Colador.

Tabasco

Tamal

Taco

Tonel

Torrejas

Toronja

Tallarinas

Tanino *(das Tannin; tannin)*
Química. Viticultura. Sustancia química natural que proviene de las partes sólidas del racimo. Se caracteriza por el amargor.

Taronja *(die Bergamoto; grapefruit)*
Alimento. Fruto. Cítrico ácido que se asemeja a la naranja, pero más amargo. También denominado pomelo o toronja.

Tasajo *(getrocknet Fleisch; dried bief)*
Alimento. Trozos de carne seca.

Tayota *(die Zucchini; zucchini)*
Alimento. Verdura. Chayote. Calabaza pequeña. Calabacín.

Taza *(die Tasse; cup)*
Utensilio. Recipiente. Unidad de medida de volumen. Se supone que se refiere a la del café con leche. Si no sería una tacita de café chico o cortado. En volumen equivaldría entre 240 ml y 250 ml, es decir, aproximadamente un cuarto de litro. En onzas supondrían 8.

Tejocote
Alimento. Fruta. De pulpa carnosa y piel verdosa se asemeja a la familia de las peras, membrillos, manzanas. Es rico en vitaminas y algunos carbohidratos.

Telera
Alimento. Pan. Típico de México lleva una tira encima del pan que asemeja una montera de torero. Viene de la célebre telera cordobesa.

Tenate
Utensilio. Recipiente cilíndrico de palma o tule con tapadera que se utilizaba para mantener las tortillas húmedas y calientes.

Tequila
Bebida. Alimento. Obtenida a partir de los jugos fermentados del cactus denominado agave.

Ternera *(das Kalb; calf)*
Alimento. Res joven. Dícese de la cría de la vaca.

Theobroma *(die Kakaobohne; cocoa bean)*
Término del latín que significa "alimento de los dioses" y con el que se conocía la planta y fruto del cacao.

Tiburón *(der Haifisch; shark)*
Alimento. Pescado. Tanto su carne como sus aletas gozan de gran prestigio por sus efectos erotizantes. Muy utilizado en la cocina del pacífico.

Tiempo *(die Zeit; time)*
Unidad. Depende del tipo de estufa o cocina. Una salsa sencilla puede tardar apenas cinco minutos y un buen cocido, más de una hora. Un recipiente de barro aguanta más el calor que uno de aluminio o metálico. También la leña y los diferentes tipos de madera desprenden diferente calor, al igual que el carbón. La altitud de una determinada ciudad hace que el tiempo de cocción sea mayor que a nivel del mar, etc. En la cocina el tiempo es relativo, pero la prisa es un mal consejero gastronómico.

Tt

Tinaco *(die Bütte; tall earthenware ar)*
Utensilio. Recipiente. Tinaja grande para guardar la chicha.

Tinaja *(der Tonkrug; large earthenware jar)*
Recipiente grande de barro, ancho por el centro y estrecho por la boca y base, que se usa para almacenar agua, aceite, olivas o vino.

Tiste
Alimento. Bebida. Cacao tostado molido y mezclado con granos de maíz muy cocidos y lavados. Se echa en un vaso con agua y se cuela la mezcla y se levanta para que chorree y levante espuma. *Textli* en náhuatl.

Tlaxcalli *(der Mais; corn)*
Alimento. Sinónimo de maíz en maya y náhuatl.

Tomate *(die Tomate; tomatoe)*
Alimento. Verdura. Oriundo de México, de color verde o rojo según su especie y madurez. En México, al rojo se le llama jitomate. De piel fina y forma redondeada, en su interior tiene la carne, las semillas y abundante jugo. Es un elemento básico de salsas junto con el chile. Puede comerse crudo o cocinado. Existe el tomatillo de milpa, pequeño y ácido, el mediano y ácido, el mediano y semidulce y el grande, dulzón y de pulpa blanca.

Tomillo *(der Thymian; thyme)*
Condimento. Especia. Planta de hoja perenne y tallo leñoso en forma de arbusto. Sus flores de color rosado emiten un perfume intenso y característico. Se usa como condimento, perfume y como infusión medicinal.

Toronja *(die Bergamoto; grapefruit)*
Alimento. Fruta. Cítrico. Naranja amarga. Pomelo.

Tortilla azul
Alimento. Torta de maíz hecha con la variante de maíz de color azul.

Tortuga *(die Schildkröte; turtle)*
Alimento. Animal terrestre o marino, dotado de fuerte caparazón y de carne muy apreciada. Sus huevos son también comestibles. Son famosas las tortugas paslamas del pacífico.

Torrija *(der arme Ritter; french toast)*
Alimento. Torreja. Rebanada de pan bañada en leche azucarada y luego frita en abundante aceite. Se le añade almíbar o azúcar acaramelado y se espolvorea con canela y azúcar *glass*. En Sevilla se le suele echar vino, de ahí el dicho "pillar una torrija…" En México y en otros países latinos, se denomina torreja.

Torta compuesta *(die Torte; sandwich)*
Alimento. Procedimiento. Emparedado o *sandwich* mexicano, relleno de múltiples cosas que se sirve apretujado y rezumante.

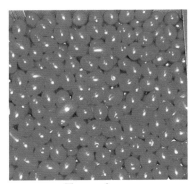
Tomate de pera

Tamales

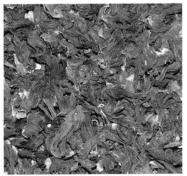
Tamarindos

Puestos de tacos

Tazas

Tenate

Teteras

Tina

Tortilla *(der Maisflafen; tortilla)*
Alimento. Panes o tortas planas, hechas con maíz y agua y cocidas al calor de una piedra o plancha plana denominada comal. Es el alimento básico de las culturas precolombinas. También se denomina a la realizada con huevo y que recibe el nombre galo de *omelette*. A la tortilla de papa se le denomina tortilla española. Si se lleva yuca o casabe se le denomina arepa.

Totopo *(fried tortilla)*
Alimento. Trozo de forma triangular de tortilla de maíz dorado en aceite y escurrido que acompaña a los antojitos, guacamole, etc. Es rígido y crujiente.

Trasiego *(decanting)*
Procedimiento. Vitivinicultura. Faena bodeguera que consiste en el trasvase de los vinos de unas barricas a otras. También el procedimiento que permite separar del vino las sustancias sólidas o lías, que se depositan en el fondo de las vasijas, durante el proceso de la fermentación.

Trigo *(der Weizen; wheat)*
Alimento. Gramínea. Cereal por excelencia del que se elabora el pan blanco. Típico de la cultura europea y mediterránea. Al igual que otros cereales, en especial el arroz y la cebada, están considerados como símbolos de la fertilidad y fecundidad.

Trituradora *(der Schleifer; grinder)*
Utensilio. Puede ser eléctrico o manual. Se utiliza para triturar o desmenuzar alimentos sólidos de todo tipo, para hacer desde rellenos hasta jugos, aguas, purés o todo tipo de helados, etcétera.

Trucha asalmonada *(die Lachsforelle; trout)*
Alimento. Pescado de río. Tiene propiedades parecidas al salmón. Su cuerpo largado tiene pequeñas manchas negras. De carne blanca o rosada, es comestible.

Trufa *(die Trüffel; truffle)*
Alimento. Hongo carnoso, de color pardo o negruzco por fuera y rojizo por dentro, se usa como condimento en muchos platos. Las trufas contienen hormonas masculinas, por lo cual se les atribuyen efectos afrodisíacos. También al dulce elaborado con chocolate y recubierto de cacao amargo.

Ttanta
Alimento. Sinónimo de pan de maíz en quechua o quíchua, lengua incaica.

Tuna *(der Feigenkaktus; prickly pear)*
Alimento. Higos chumbos, fruto de la chumbera, cuyas hojas carnosas y espinosas, denominadas pencas, son los nopales.

Txacoli
Vitivinicultura. Bebida. Vino joven y con aguja original del País Vasco. Puedes ser de color tanto blanco como tinto.

Tacos. Si hay algo típicamente mexicano y latino es el taco, en realidad los denominados antojitos, ya que la chalupa ovalada, las gorditas, las enchiladas, los chilaquiles, los sopes, las quesadillas o la gorda pellizcada, podrían ser variantes de los mismos. El taco es una tortilla redonda y de maíz, con un sabor peculiar que lo diferencia del grano del trigo, y sobre la que se le puede echar de todo lo que se tenga a mano, eso sí, el chile es imprescindible.

Desde tiempos ancestrales las mujeres precolombinas trituraban el grano, lo mezclaban con el agua, preparaban la masa y tenían la faena diaria de realizar ese pan y mantenerlo fresco y caliente, una vez pasados por el comal, en los denominados tenates o recipientes especiales. Sin chile no hay sabor, aunque abusar del picante puede resultar a la larga arriesgado. Muchas personas pueden basar su alimentación únicamente en ellos pero se debe complementar con algo más de frutas, vegetales y hasta proteínas.

Los tacos pueden ser de canasta, es decir con chicharrón y mole verde, de rajas, con chiles poblanos, cebolla, queso fresco y lechuga. Los tacos sudados, que incorporan la carne de cerdo, chiles anchos, pasilla, mulatos, ajos, cebollas y almendras. Los tacos al carbón, los más socorridos con carne de res troceada, cebolla y jugo de limón.

Los tacos de flor de calabaza y los de huitlacoche suelen ser los más sofisticados ya que tanto la flor de calabaza como el exquisito hongo del maíz constituyen por sí solos verdaderos manjares. Los tacos al pastor, donde a la carne de res o de cerdo macerada con vinagre y chiles, se incorpora la cebolla picada y la piña asada. Los tacos de frijol son los más sencillotes pero igualmente apetitosos.

Con los tacos doblados o hechos flautas, con salsa guacamole, dorados en aceite y con queso cotage por encima, o bien rellenos de queso, tenemos otros productos como las enchiladas, los chilaquiles y las quesadillas. En realidad son los auténticos antojitos mexicanos, apetecibles a cualquier hora del día o de la noche y sobre todo en cualquier tianguis.

Uu

Uva *(die Traube; grape)*
Alimento. Fruto. Fruto de la vid.
Proviene de la variedad *Vitis vini-fera* de la que se obtiene el vino.
Existen más de 6,000 tipos diferentes, de las que sólo 600 se utilizan.

Por el hollejo se distinguen en negras o tintas y blancas. Por la pulpa, la mayoría son blancas, con tan sólo dos excepciones. Se presenta en racimos.

Entre las principales uvas tintas tenemos la Cabernet Sauvignon, Carignant, Cariñena, Garnacha, Malbec, Mazuela, Merlot, Monastrell, Pinot Noir, Tempranillo, Viognier, Sirah, Cinfandel, Barberá, Nebbiolo. Entre las uvas blancas: Chardonnay, Gewürztraminer, Macabeo, Riesling, Sauvignon Blanc, Semillón, Verdejo y un largo etcétera.

El término Cabernet proviene de la antigua Bitúrica romana que hoy en día es Burdeos. Sauvignon viene de salvaje, silvestre. De ahí la uva silvestre de Burdeos.

Uvas

Uva, cepas

Vv

Vaca *(die Kuh; cow)*
Alimento. Res. Bovino.

Vacuno *(das Rind; vacuous)*
De vaca. Res. Ganado bovino.

Vaho
Alimento. Procedimiento. Platillo confeccionado en América Central y típico de Nicaragua. Sus ingredientes son carne de cecina, yuca, chiltoma, cebolla, plátanos, naranja agria, tomate, ajos y hojas de plátano para envolver.

Vaina *(die Scheide; pod)*
Cubierta o cáscara alargada de algunas semillas como los guisantes, habichuelas, habas, etc. Comestible y blanda.

Vainilla *(die Vainille; vainilla)*
Condimento. Especia. Se presenta en barra o rajas o bien en polvo. Sabor intenso característico y dulzón. Hoy se fabrica tanto la natural como la sintética.

Vajilla *(das Geschirr; crockery)*
Utensilio. Conjunto de elementos que se utilizan en la mesa para comer, como los platos, fuentes, soperas, vasos, etcétera.

Varietal
Procedimiento. Vitivinicultura. Vino elaborado a partir de una sola variedad de uva determinada. Con características propias de la cepa de la cual procede.

Vendimia *(die Weinlese; grape harvest)*
Procedimiento. Recolección de la vid o uva.

Venencia *(der Stechheber)*
Utensilio. Vitivinicultura. Objejeto alargado compuesto por una varilla y que termina con una cazoleta que utiliza el catador o capataz de una bodega para extraer el vino del interior de una barrica. El acto de servir con venencia es un arte que requiere mucha experimentación.

Verdolaga *(der Portulak; wildfire)*
Alimento. Verduras. Hojas y tallos de ligero sabor ácido. Contiene vitaminas A, B y C y sobre todo hierro. Sirve para acompañar y enriquece diversos platos, en especial la de carne de porcino.

Vermut *(der Wermut; vermouth)*
Procedimiento. Vitivinicultura. Del italiano *vermoth* y del alemán

Vainas

Vajilla

Venencia

Vermut

Verduras

Sepia

Pez sierra

wermut, que se traduce por la palabra ajenjo. Tipo de aperitivo piamontés, amargo y tonificante procedente de una cepa denominada moscato y con una graduación alcohólica superior a los 14°. Se toma como aperitivo antes de comer.

Vieira *(die Jakobsmuschel; scallop)*
Alimento. Marisco. De aspecto parecido a la ostra, pero más grande. Está formada con dos conchas, una plana y otra cóncava. Símbolo de los peregrinos de camino de Santiago de Compostela, en Galicia.

Viena *(ein Brot; bread)*
Alimento. Pan. Barra de pan blanco, con harina de trigo, sal, agua, levadura, leche y mezcla de fécula para lograr el brillo o lustre. Su corteza es crujiente y su forma de moldeado ideal para bocadillos. El nombre viene de la ciudad austriaca donde se fabricaba.

Vinagre *(der Essig; vinegar)*
Condimento. Vino agrio que se usa para aliñar o sazonar todo tipo de ensaladas y salsas. El ácido acético es el vinagre blanco, pura química. Vinagreras son los recipientes donde se guarda el vinagre y el aceite.

Vinajera
Recipiente donde se pone el vinagre. Vinagrera. También el aceite. Aceitera. Alcuza.

Vino *(der Wein; wine)*
Bebida. Alimento. Es la bebida resultante de la fermentación alcohólica completa o parcial de la uva fresca o mosto. El jugo de uva fermentado. Si procede de otras frutas no es vino. Se denominarán licores de frutas. Lleva complejos vitamínicos del grupo B, ácidos, azúcares, alcoholes, sales, oligoelementos, sustancias amargas denominadas taninos, sustancias nitrogenadas como aminoácidos y proteínas. Es pues un completo alimento.

Volandera *(der Mühlstein; millstone)*
Utensilio. Piedra superior y móvil de un molino. Es más pequeña que la piedra inferior, base o solera.

Vol-o-vent
Tarrina de pasta que se rellena con papa, puré, ensalada o cualquier otro ingrediente. Es muy suave de ahí, vuelo de viento.

Salsa en molcajete

Vino

"Si hay vides en el paraíso, posiblemente sean las del Valle de Calafia" decía el buen amigo Antonio Ariza, de bodegas Domecq. Hablar del vino mexicano antes, era como para que a uno lo tildasen de un poco loco e irresponsable, ya que apenas existían o eran poco conocidos o resultaban poco estructurados o elaborados. Hoy día, sin embargo, en México se empieza conocer, cultivar y beber buen vino.

No es precisamente México un país de costumbres arraigadas en cuanto a vinos, sino de cervezas, mezcales, pulques y tequilas, pero en honor a la verdad cada día nos sorprenden más sus caldos, aunque también sus precios. El origen del vino, tuvo lugar con la llegada de los españoles entre 1522 y 1524 pero sobre todo con los misioneros. Ligado éste a la liturgia, ya que se precisaba para la celebración de la Eucaristía, en la misa, las vides avanzaban al ritmo de los conventos y misiones religiosas. Así empezó todo.

Fue tan abundante y bueno el vino cosechado en estas tierras que hubo, desde Castilla, que poner trabas reales a la producción de vino americano ya que ponía en peligro las exportaciones de tan preciado líquido desde la península hispana. Craso error de Felipe II, ya que privó de la evolución y consumo de este alimento líquido a todo un continente. Siglos más tarde se puede hablar de la fructífera industria vitivinícola de Chile, Argentina, Uruguay, Brasil, Perú y sobre todo California. Países como Bolivia (Tarija), Venezuela (Carora), Costa Rica, Colombia (Valle del Cauca), Cuba (Soroa), etc., se han incorporado también de forma tímida pero eficiente.

Las principales zonas vinícolas mexicanas.
Son las de Coahuila-Durango, consideradas de las más antiguas (Parras, Saltillo, Tlahualillo, La Laguna, etc.), Guanajuato, Zacatecas, Baja California Norte, donde sin duda se encuentran las zonas más prósperas de todo el país, como los Valles de Calafia, Guadalupe, Ensenada, Santo Tomás, etc., Delicias (Chihuahua), Caborca, Bahía Kino y Pequería en Sonora, Aguascalientes y México DF.

La elección de un vino es un acto importante. El "casarlo" o como se dice actualmente el "maridaje" entre vinos y platillos también lo es. Existe toda una cultura y rito del vino que no se puede pasar por alto. Aquello de que los vinos blancos para el pescado y los tintos para la carne, carece ahora de rigor, hasta el punto de que existe un tipo de vino diferente y acorde para cada tipo de platillo. Existe un vino diferente para cada hora del día, por lo tanto existen miles de vinos diferentes para combinar, de ahí la dificultad de improvisar. No obstante, si tuviese que elegir una veintena de vinos, sin duda escogería estos:

Vino de Piedra, de la Casa de Piedra, en el Valle de San Vicente, en Baja California, con uvas de la variedad Tempranillo y Cabernet Sauvignon. Es un vino caro.

Casa Grande, de la Casa Madero, en el Valle de Parras, Coahuila, con uva Cabernet Sauvignon. De esta misma casa, el **Gran Reserva Casa Grande** en blanco con uva Chardonnay. También de la misma finca pero en tinto, **Casa Madero Cabernet Sauvignon.** El **Gran Vino Tinto** de la casa Chateau Camou, especial el del año 1997, mezcla de Cabernet Sauvignon, Ca-

bernet Franc y Merlot. También **Viñas de Camou** de la misma casa y lugar que el anterior, con uva blanca Chardonnay. **El Gran Divino** de Bodegas Camou, con uva Chardonnay y Sauvignon Blanc.

Alborada Guadalupe, de la casa Alborada Guadalupe, con uva Cabernet Sauvignon y Merlot. Se produce en el Valle de Guadalupe, de ahí su nombre en Baja California.

Duetto, de la firma Santo Tomás y Wente, con uva mayoritariamente Cabernet Sauvignon y un pequeño porcentaje de Merlot, producido en el valle de Santo Tomás en Baja California y en EUA. También el vino **Tempranillo 2000** con esa misma uva tinta y producida en el Valle de Santo Tomás, en Baja California.

Monte Xanic Chardonnay 2000 de Bodegas Monte Xanic y uva Chardonnay, producido en el Valle de Guadalupe, en Baja California. Sin duda el **Monte Xanic** Cabernet Sauvignon de 1997 puede considerarse, calidad-precio, como uno de los mejores. Se hace en el Valle de Guadalupe.

Vino

Petit Sirah, 2000 de la casa L.A. Cetto con uva tinta Petit Sirah y producida en Baja California en el Valle de Guadalupe. **Nebbiolo, Reserva Privada** 1997 también de Bodegas L.A. Cetto, con uva italiana de ese nombre y producido en Baja California.

Viñas de Laceaga de Bodegas Laceaga, con uva Merlot, producida en San Antonio de las Minas, en Baja California.

Reserva Real de la casa Pedro Domecq, con una mezcla o *coupage* de varias uvas como Cabernet, Zinfandel, Barbera y Petit Sirah. Está producido en el famoso Valle de Calafia, en Baja California. Reconocido es el **Chateau Domecq** Cava Reservada con uva de Nebbiolo, Cabernet y Petit Sirah, producido al igual que el anterior en el Valle de Calafia.

Mogor Badan de la bodega con el mismo nombre. Utiliza la Cabernet Sauvignon con otras uvas y se produce en el Valle de Guadalupe, en Baja California. También el denominado **Chasselas de Mogor** del Valle de Guadalupe, muy afrancesado.

San Lorenzo de la Casa Madero, mezcla de Cabernet Sauvignon y Tempranillo, producido en el Valle de Parras, en Coahuila.

Jalá de la casa Tres Valles, en el Valle de San Vicente Ferrer, en Baja California. **Ácrata** de bodegas Aborigen, con mezcla de Grenage, Carignane y Sirah, producido en los Valles de Guadalupe y San Vicente, ambos en Baja California.

Único de Bodegas Santo Tomás, en Baja California. Utiliza las uvas Cabernet Sauvignon y Merlot.

Viña Doña Dolores blanco de la marca Freixenet, de la finca Ezequiel Montes, en Querétaro. Utiliza la uva Sauvignon Blanc.

Viognier, Don Luis Cetto Selección Reservada de bodegas L.A. Cetto, con uva Viognier y producido en el Valle de Guadalupe, en Baja California. También Cuba, Venezuela, y ya más abajo Chile, Argentina, Perú, Brasil, Uruguay, producen excelentes y cotizados vinos. Probar los productos del país regados con vinos del país debería ser una pauta de comportamiento. Desgraciadamente, el *snobismo* gana. Evidentemente no están todos los que son, pero sí, en cambio, son todos los que están. Esperemos que esta selección no defraude a nadie. Un último vino recomendado **Trazos** de mi amigo León Achar.

Las vitaminas son elementos químicos que participan de forma importante en la regulación del metabolismo de nuestro cuerpo, es decir, en los procesos que implican el crecimiento, el mantenimiento y en definitiva, la buena salud de nuestro organismo. La falta de vitaminas provocan un desgaste, agotamiento y hasta enfermedades. En ciertas épocas como en la adolescencia, donde se produce el mayor crecimiento, en el parto y cuando se realizan ejercicios físicos, se requiere más cantidad de vitaminas.

Éstas se encuentran en los alimentos que ingerimos de origen animal, vegetal y frutas. Por ello la forma más idónea de prevenir la falta de vitaminas o avitaminosis es una dieta variada y equilibrada. Las vitaminas deben ingerirse en pequeñas dosis y de forma continuada. Algunas de ellas no se almacenan, por lo que deben tomarse de forma continuada. Las principales vitaminas responden a las letras del abecedario.

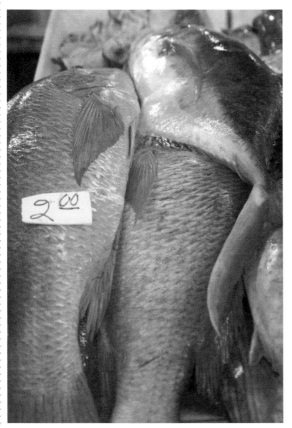

Vitamina A
Necesaria para la visión, para el buen mantenimiento de los tejidos, sobre todo de la piel, para el crecimiento y para el metabolismo o asimilación de otras sustancias en general.

Se encuentra en los alimentos de origen animal, el hígado, la leche y en la yema del huevo. Una variedad de esta vitamina denominada betacaroteno se encuentra en las frutas como la papaya, mango, mamey, calabaza, chile, zanahoria, etc. También en verduras como la espinaca, acelga y verdolaga.

Complejo vitamínico B (B1, B2, B6, B12, Niacina)
La vitamina B1, también denominada tiamina, debe reponerse constantemente. Su déficit causa enfermedades como el beri-beri, parálisis, calambres, pérdida de reflejos, alteraciones cardiacas, problemas digestivos como colitis o estreñimiento, falta de apetito, etc. Es muy recomendable en las personas que padecen jaquecas, diabetes, hipertiroidismo, alcoholismo. Se encuentra en la carne, el pescado, el grano de cereal, en las leguminosas como garbanzo, frijol, lenteja, habas y en las

Vitaminas

La vitamina C es antiinfecciosa, necesaria para el buen mantenimiento óseo y dental. Su carencia produce una enfermedad propia de los navegantes que no comen productos frescos, como el escorbuto. Éste se caracteriza por provocar hemorragias en encías y dientes, falta de apetito, infecciones, etc. Se encuentra en las frutas frescas, sobre todo en los denominados cítricos como limones y naranjas, limas y toronjas. También en la piña, manzana, el aguacate. En algunas verduras como la col, pimientos, rábanos, lechugas. El denominado ácido ascórbico se encuentra también en las vísceras animales.

La niacina es una vitamina relacionada con la piel. Su carencia produce dermatitis, pigmentación, acné, trastornos gastrointestinales como diarreas o colitis. También produce síntomas nerviosos y mentales. La vitamina D tiene la particularidad de sintetizarse en la piel cuando nos exponemos a los rayos del sol. Interviene en el metabolismo o asimilación del calcio y fósforo en nuestro organismo y contribuye a la formación de huesos sólidos y fuertes. Su ausencia provoca el raquitismo o falta de crecimiento. Se encuentra en los alimentos de origen animal, en el hígado, vísceras, huevos, leche. El sol es importante para la asimilación de esta vitamina.

verduras de tonos verde oscuro. La viamina B2 es importante en el metabolismo de los carbohidratos o hidratos de carbono así como en el crecimiento en general. Se conoce con el nombre de riboflavina. Se encuentra en la carne, en el pescado, en la leche, leguminosas, huevos y sobre todo, en la levadura de cerveza. La vitamina B6 es importante para la piel, el tono muscular y su desarrollo. Se encuentra de igual forma que la anterior en la carne, pescado, huevos, leche, leguminosas y vegetales de hoja oscura.

La vitamina B12 es un antianémico y se encuentra en el hígado, en el aceite de hígado de bacalao y tiburón, en el grano del cereal. Es ideal para el agotamiento, anemia, diarreas, etcétera.

La vitamina E denominada la vitamina de la fertilidad. Se recomienda en casos de esterilidad o de personas propensas al aborto involuntario. También previene la flevitis, las varices, la debilidad muscular y se aconseja en los casos de los niños prematuros. Se encuentra en los aceites de semillas vegetales, en el germen de los cereales y en menos cantidad en la leche, huevo y verduras ricas en clorofila verde.

La vitamina K es responsable de muchos aspectos de la sangre, como la coagulación, para la formación de protrombina, etc. Su falta puede provocar hemorragias y problemas hepáticos. Se encuentra en el hígado de cerdo, en el pescado y en los vegetales, sobre todo en la alfalfa.

W w

Wabul

Alimento. Procedimiento. Platillo típico nicaragüense, que consiste en un potaje de vegetales cocidos que se consume caliente. El wabul emplea bananos, pijibay, ujón, leche de coco y agua.

Wasabi

Condimento. Especia. Típicamente japonesa, se forma en zonas pantanosa. Es parecido a un rábano picante japonés. Se utiliza en la elaboración tanto del sashimi como del sushi.

Wasbol

Alimento. Bebida. También wasplu. Su elaboración es a base de yuca o maíz molido y cocido posteriormente.

Wok

Recipiente cóncavo hecho de hierro colado, a modo de sartén, para cocer, freír, tanto verduras como otros alimentos. Es un utensilio que proviene de la cocina oriental. Utilizar correctamente esta técnica conlleva al menos unos cinco años de práctica.

Wok

Coctail de licor

Xx

Xicalli *(Txicalli)*

Utensilio. Vasija fabricada con la cáscara dura del coco o calabaza y que se utilizaba como recipiente para guardar, verter o escanciar el chocolate. Era costumbre entre los mayas beber el cacao o chocolate líquido, caliente y con mucha espuma.

Xoloitzcuintle

Alimento. Animal canino. Tipo de perro de la denominada raza azteca, sin pelo, de excelente sabor y en vías de extinción. Normalmente se come asado. Además de guarda y protección, se cría para consumo de su carne. Es un perro muy estimado y curioso, mudo, ya que apenas ladra.

Trago

Trigueros (esparrágos)

Trasiego (decantador)

Yy

Yautía
Alimento. Tubérculo. Raíz comestible que se utiliza en la cocina latina.

Yogurt *(der Yogurt; yoghurt)*
Alimento. Lácteo. Producto cremoso y blanco que se obtiene a partir de la leche fermentada.

Yuca *(die Yucca; yucca)*
Alimento. Mandioca, casabe, casava. Es un tubérculo que cuando es dulce es bueno, pero la variedad amarga suele ser venenosa. Con su harina se hace pan de casabe y arepas. Es típico, sobre todo, en Colombia, Venezuela y Centroamérica.

Yuca

Zumos

Vino tinto

176

Zz

Zacán
Alimento. Bolas de chocolate envueltas en hojas de plátano.

Zamorano
Alimento. Postre. Chongos zamoranos elaborados con leche cuajada y especias. (Ver *chongo*).

Zanahoria *(die Karotte; carrots)*
Alimento. Hortaliza que posee componentes químicos del tipo feromonas que estimulan a otras glándulas que actúan sobre la conducta y el deseo sexual. Zumo de color anaranjado y sabor dulce que va muy bien para la piel y la vista.

Zapallo *(der Kürbis; pumkin)*
Alimento. Vegetal. Calabaza. Se utiliza para obtener el denominado "cabello de ángel" o "pelo de ángel". También bule, ahuyama.

Zapote *(der Breiapfel; sapota)*
Alimento. Fruto parecido al níspero, carnoso y jugoso. Existen dos variedades, la blanca y la negra, esta última deliciosa combinada con azúcar y jugo de limón o naranja.

Zarzamora *(die Brombeere, blackberry)*
Fruto de la zarza, que, maduro, es una baya compuesta de granos negros y lustrosos, semejante a la mora, pero más pequeña y redonda. También se utiliza como elemento de repostería.

Zarzaparrilla
Arbusto de la familia de las Liliáceas, con tallos delgados, volubles, de uno a dos metros de largo y espinosos. Es común en España. También bebida refrescante preparada con esta planta.

Zarzuela *(ein Fischgericht, seafood casserole)*
Procedimiento. Sopa caldosa realizada con diferentes tipos de mariscos y pescados condimentados con una salsa. Caldereta.

Zatico
Persona que tenía en palacio la responsabilidad de cuidar del pan y de alzar y montar las mesas. Sinónimo de pan de palacio.

Zurracapote *(eine Sangria mit Wiesswein)*

Alimento. Bebida. Tipo de sangría realizada con vino blanco. A diferencia de la sangría tradicional, no lleva canela y lleva naranja, en vez de limón. Si lleva frutas (melocotón o duraznos, manzana, pera o piña) se le denomina cap de frutas y si en vez de vino blanco se le pone cava, hablaremos de sangría de cava o tissana.

Zapallo

Zarzamora

BIBLIOGRAFÍA

Aramburu, Ligia, *Cocina nicaragüense*, Editorial Hispamer y Editorial Acali, Nicaragua y Barcelona, 2004.

Ávila Granados, Jesús, *Historia del azafrán*, Editorial Zendrera Zariquiey, Barcelona, 1999.

Azcue y Mancera, Luis, *El chocolate, monografía*, Editorial del Autor, México, 1958.

Bienzobas, Águeda, *La ermitaña de la cocina*, Editorial Zendrera Zariquiey, Barcelona, 1999.

Brillat Savarin, A., *Filosofía del gusto*, Editorial Cupsa, Madrid, 1978.

Caldicott, Chris y Carolyn Caldicott, *El mundo entero en nuestra cocina*, Editorial Intermón Oxfam, Barcelona, 2003.

Calvel, Raymond, *Sabor del pan*, Editorial Montagut, Barcelona, 1994.

Capel, José Carlos, *El pan*, Taller Editorial, Barcelona, 1991.

Colectivo, *Entre pucheros*, Editorial Progensa, Sevilla, 1998.

————, *Cuadernos del Fogón I y II, Relatos culinarios*, Editorial Zendrera Zariquiey, Barcelona, 2003.

Dolores, Myrian y Alonso Oscar de Luna, *La Cocina Mexicana*, Editorial Océano, México, 1987.

Figueroa, Martha, *Xocoátl: Chocolate. La aportación de México al mundo*, Editorial Diana, México, 1995.

García Curado, Anselmo José, *Vamos de vinos*, Editorial Didaco, Barcelona, 1993.

————, *Vinos de América*, Editorial Zendrera Zariquiey, Barcelona, 2003.

————, *Chocolate, oro líquido*, Editorial Zendrera Zariquiey, Barcelona, 2000.

————, *Al pan, pan*, Editorial Zendrera Zariquiey, Barcelona, 2002.

————, *Cafetines con pedigrí*, Editorial Zendrera Zariquiey, Barcelona, 2002.

————, *Vinos de Europa y América*, Editorial Zendrera Zariquiey, Barcelona, 1996.

————, *Saber de vinos*, Editorial Amat, Barcelona, 2005.

————, *CocinaSalvadoreña*, Editorial Acali, Barcelona 2008 y Editorial La Ceiba, El Salvador, 2013.

————, *Cocina Panameña*, Editorial Acali, Barcelona 2008 y Editorial El Hombre de la Mancha, Panamá, 2013.
———— y Silvia Beltrán, *Guías Culinarias Lizarrán*, Editorial Didaco y Acali Servicios Editoriales, Barcelona, 2004 y 2005.

García Lillo, Amador Esteban, *El arte de la cocina regional española*, Editorial Biblos Balear, Palma de Mallorca, 1992.

García Pavón, José, *Amaxocoátl o el libro del chocolate*, Escuela del Arte, Toluca, México, 1936.

Goligorsky, Lilian, *Historias curiosas de la gastronomía*, col. Bon Vivant, Editorial Robin Book, Barcelona, 2005.

Gutiérrez, Gloria, *Las glorias de gloria dos, Comida mexicana de todos los días*, Editorial Gilardi Editores, México, 1995.

Kruse, Hanne, *Platos navideños*, Editorial Intermón Oxfam, Barcelona, 2002.

Faura, Joaquina, *Cocina latinoamericana*, Editorial Ramos Majo, Barcelona, 1983.

Lacalle, J. y E. Mapelli, *El gran libro de la cocina andaluza*, Editorial Arguval, Málaga, 1995.

Lavedan, Antonio, *Tratado de usos, abusos, propiedades y virtudes del tabaco, café, té, chocolate...*, Editorial Oyero y Ramos, Madrid, 1985.

Luján, Néstor, *Placeres de la sobremesa: café, copa y puro*, Editorial Plaza y Janés, Barcelona, 1991.

Vivas, Angélica, *Cincuenta años en la cocina*, Editorial Unión Cardozo y Cía., Nicaragua, 1981.

Weight Watchers, *La cocina del milenio*, Editorial Weight Watchers España, Barcelona, 2000.

Wells, Troth, *Cocina vegetariana, recetas fáciles y rápidas*, Editorial Intermón Oxfam, Barcelona, 2000.

Wheelock, Jaime, *La comida nicaragüense*, Editorial Hispamer, Nicaragua, 1998 y 2002.

Woodward, Sarha, *La cocina mediterránea clásica*, Editorial Dorling Kindersley, Londres, 1995. Ediciones Primera Plana, Grupo Zeta, Barcelona, 1999.

Wolter, Annette, *Ensaladas, enciclopedia del gran libro de la cocina*, Editorial Everest, León, 1989.

Wright, J. y E. Treuillé, *Guía completa de las técnicas culinarias*, Editorial Blume, Barcelona, 1997.

Zarzalejos, María del Carmen, *El libro de la cocina iberoamericana*, Alianza Editorial, Madrid, 1992.